DR. MED. H.-J. MEDAU

UNTER MITARBEIT VON
ELISABETH BÜRGE
GISELA KLÖTZER

ORGANGYMNASTIK

LEHRWEISE MEDAU

POHL-VERLAG CELLE

Die Verfasser

Dr. med. H. J. Medau

Arzt für Innere Medizin,
Kardiologie, Sportmedizin

Leiter der Medau-Schule, Berufsfachschule
für Gymnastik und Krankengymnastik
in Coburg, Schloß Hohenfels

Oberarzt am Lehrkrankenhaus
der Universität Würzburg in Coburg.

Elisabeth Bürge

Krankengymnastin, Medau-Schule, Coburg.

Gisela Klötzer

Gymnastiklehrerin, Leiterin
des Fachbereiches Gymnastik
der Medau-Schule, Coburg.

Annette Kramer

Gymnastiklehrerin, Motopädin,
Medau-Schule, Coburg.

Verfasser: Dr. med. H.J. Medau, 8630 Coburg, Schloß Hohenfels, unter Mitarbeit von Elisabeth Bürge, Gisela Klötzer und Annette Kramer.

Verlag und Druck: Pohl-Druckerei und Verlagsanstalt, Otto Pohl, 3100 Celle.

Fotos: Gert Roman Bamberger und Uwe Mannshardt, Coburg.

ISBN 3-7911-0155-2

Inhaltsverzeichnis

Vorwort der Verfasser

Die vorliegende Broschüre ist der Versuch, die Organgymnastik von einer wissenschaftlichen Basis aus neu zu betrachten. Besondere Schwierigkeiten bestehen darin, daß nicht alle Wirkungen dieser Gymnastik auf den Organismus experimentell mit naturwissenschaftlichen Methoden erfaßbar sind. Vor allem im anthropologischen Bereich liegen mehr Erfahrungswerte vor.

Wenn wir trotz dieser augenblicklichen methodischen Probleme eine monographische Darstellung der Organgymnastik – Lehrweise Medau – versucht haben, so geschah dies in dem Bewußtsein, daß sich diese Arbeit über Jahrzehnte in der Praxis bewährt hat. Das durch diese Form der Gymnastik besonders geprägte Körperbewußtsein ist abzuklären, neu durchzustrukturieren und theoretisch zu untermauern.

Unser Dank gilt allen, die bei diesem Versuch mitgeholfen haben, und hier erwähnen wir Frau Hilde ERBGUTH besonders, die uns wertvolle Anregungen und Korrekturhilfen gab. Dank gilt aber auch denen, die die erste Initiative zu diesen Übungen der Organgymnastik ergriffen haben, eine Arbeitsweise, die dem Menschen der heutigen Zeit Hilfe sein kann in seiner Entwicklung.

Ganz besonders danken wir Herrn Prof. Dr. P. E. NOWACKI und seinen Mitarbeitern vom Sportmedizinischen Institut der Justus-Liebig-Universität in Gießen, mit denen wir gemeinsam physiologische Untersuchungen und leistungsmedizinische Analysen bei einer großen Anzahl Schülerinnen durchführen konnten.

PROF. DR. MED. PAUL E. NOWACKI

Geleitwort

Der von Hans Jochen MEDAU und seinen Mitarbeitern in der vorliegenden Monographie „Organgymnastik – Lehrweise Medau“ konsequent vollzogene Wandel der Auffassungen über den Einfluß einer speziellen Atemgymnastik auf die Dynamik kardiorespiratorischer Funktionsgrößen eröffnet völlig neue Aspekte zur Anwendung derselben vom Gesunden bis zum Kranken.

Die familiär historischen Wurzeln dieser speziellen Gymnastik fußen in dem Lebenswerk der Eltern des Autors. Hinrich und Senta MEDAU verstanden ihre Organgymnastik als Teil einer ganzheitlichen Bewegungserziehung, wobei das sicher vorhandene psychosomatische und psychomotorische Geschehen und die mystische Interpretation über das „Erleben und das Wissen vom Atem“ aus heutiger Sicht zu stark in den Vordergrund gestellt wurde. Dennoch sollen die engen Wechselbeziehungen zwischen Atemfunktion, vegetativem Tonus und Psyche noch einmal unterstrichen werden.

Unbestritten ist die Förderung der Flexibilität und Koordination durch die Organgymnastik, die aus teilweise erheblichen Dehnlagen sowie aus isometrischen und dynamischen muskulären Übungsteilen besteht. Besondere Dehnübungen sind heute auch ein wichtiger Bestandteil der modernen Stretching-Gymnastik des Hochleistungssportlers zur Verletzungsprophylaxe. Übungen zur Verbesserung der motorischen Hauptbeanspruchungsformen Flexibilität und Koordination gehören zu allen sportlichen Trainingsprogrammen. Sie führen im Alltags- und Berufsleben zu einer Verbesserung der Gleichgewichtsfähigkeit, Stand- und Trittsicherheit sowie der Reaktionsfähigkeit, was der Vorbeugung von Unfällen dienlich ist.

Diese Trainingseffekte der Organgymnastik sind in allen Bereichen des Sports, vom Rehabilitations- über den Breiten- bis zum Spitzensport, sinnvoll ausnutzbar.

Ziel der Organ- oder speziellen Atemgymnastik ist aber darüber hinaus die Verbesserung der Ventilationsökonomie in Ruhe und bei Belastung. Ebenso trägt eine verbesserte Atemtechnik nach körperlichen Anstrengungen und erschöpfenden sportlichen Leistungen im Training und Wettkampf entscheidend zur Verkürzung der Regenerationsphase durch einen schnelleren Abbau der Sauerstoffschuld und metabolischen Azidose bei.

Die schnellere Erholbarkeit durch die Organgymnastik wurde bisher nur durch Beobachtungen an Übenden und deren Angaben überprüft. Wie die allgemeine Gymnastik war bisher auch die gesamte Organgymnastik nicht Gegenstand von wissenschaftlichen experimentellen Untersuchungen. Besonders wurde das Verhalten der kardio-respiratorischen Funktionsgrößen während der einzelnen Übungsabschnitte noch nicht erforscht.

In seiner Eigenschaft als Internist, Kardiologe und Sportmediziner hat H. J. MEDAU mit seinem Coburger Arbeitskreis und in Gießen am Sportmedizinischen Institut der Justus-Liebig-Universität mit mir und meinen Mitarbeitern, hier speziell der brasilianischen Ärztin Purelisa de CASTRO, durch methodisch aufwendige fortlaufende Registrierungen der kardialen und pulmonalen Funktionsgrößen die Wertigkeit und den Trainingseffekt der einzelnen Übungsteile und den eines über halbstündigen Gesamtbewegungszyklus untersucht.

Neben dem Verhalten der Herzschlagfrequenz, der absoluten und relativen Sauerstoffaufnahme des Sauerstoffpulses, der Kohlendioxydelimination interessierte sich H. J. MEDAU besonders für den Einfluß seiner Gymnastik auf die Atemökonomie mit ihren Teilgrößen Atemminutenvolumen, Atemzugvolumen, Atemfrequenz, Atemäquivalent und die durch diese hervorgerufenen Veränderungen der Blutgase und des Säure-Basen-Haushalts.

Als erstmalig auf dem 26. Deutschen Sportärztekongreß 1978 in Bad Nauheim über diese Experimente berichtet wurde, konnte eine entscheidende Forschungslücke geschlossen werden, da bisher über ähnlich umfassende Untersuchungen in der Weltliteratur noch nicht berichtet wurde. Auch konnte der bisherigen Lehrmeinung, daß statisch-isometrische Muskelkontraktionen keinen nennenswerten steigernden Einfluß auf die kardio-respiratorischen Leistungsparameter haben, widersprochen werden. Die statisch-isometrischen Belastungen von zwei Minuten Dauer/Übung während der Organgymnastik zeigten einen positiven Einfluß auf das Herz-Lungen-System, der vor allem durch einen kontinuierlichen Atemfluß und die Vermeidung von Preßatmung erreicht werden kann. Die dynamischen Phasen der Organgymnastik wurden als besonders wirksam im Sinne einer aeroben Ausdauerbelastung erkannt und sollen auf Vorschlag MEDAUS bei der Zusammenstellung einer konditionierenden allgemeinen Gymnastik im Präventions- und Rehabilitationssport besonders bevorzugt werden.

Auf der Grundlage dieser umfangreichen experimentellen Untersuchungen konnte das vorliegende Buch zur Organgymnastik völlig neu gestaltet werden. Die sich aus der eigenständigen historischen Entwicklung herausgebildeten pädagogisch-didaktischen Aspekte wurden neu geordnet und einem modernen Lehrer-Schüler-Verhältnis angepaßt.

Organgymnastik
und andere Arbeitsweisen

Entstehung und Entwicklung der Organgymnastik

Die Organgymnastik ist aus der Rhythmischen Gymnastik, wie sie seit ihrem Bestehen in der MEDAU-Schule gelehrt wurde, hervorgegangen.

Auch wenn sie sich zu einem in sich geschlossenen Arbeitsgebiet mit klar definierten Zielen, sorgfältigen Inhalten und bezeichnenden Vermittlungsformen entwikkelt hat, steht sie nach wie vor mit der Rhythmischen Gymnastik in engster Verbindung und ist zu einer Art Basisarbeit gereift. Aus der ihr eigenen Arbeitsweise – der Ruhe und Konzentration auf körperliche Vorgänge – ergeben sich nach dem Verständnis der Vertreter der Organgymnastik Sammlung und Selbstbesinnung, die dann in der Gymnastik stärker den Bezug auf die Umwelt, Zeit und Raum und die Repräsentation des Übenden vertieft und überzeugender ermöglicht.

Der Begriff „Organ-Gymnastik" ist heute umstritten. Erklärt wurde er anfänglich mit der Annahme, daß durch eine bestimmte Art körperlicher Übung die Atmung vertieft und die inneren Organe in ihrer Funktion positiv beeinflußt würden (12). Dieser Erklärung über die Wirkung der Organgymnastik kann heute nicht mehr zugestimmt werden. Auch ist die Einschränkung des Begriffs „Organ" allein auf den inneren Organismus nicht mehr haltbar. Wenn wir uns trotzdem entschlossen haben, den Begriff „Organgymnastik" beizubehalten, tun wir es zunächst ganz pragmatisch, weil sich die Bezeichnung durchgesetzt und die Arbeit sich unter diesem Namen weit verbreitet hat. Wir glauben jedoch „Organgymnastik" auch aus inhaltlichen Gründen rechtfertigen zu können, denn wie Erfahrungen vermuten lassen und Untersuchungen bestätigt haben, nimmt diese Organgymnastik wirklich in einer ihr eigenen Weise Einfluß auf den gesamten Organismus des Übenden.

Um Ziele und Arbeitsweisen der Organgymnastik innerhalb der rhythmischen Gymnastik heute verstehen zu können, scheint eine „kleine Geschichte" ihrer Entstehung unerläßlich zu sein. Die 1929 in Berlin gegründete und durch den Krieg zum Umzug nach Breslau gezwungene MEDAU-Schule wurde in den Kriegswirren im Januar 1945 aufgelöst. Der Neuanfang 1948 in Flensburg bedeutete auch eine Umorientierung und Überprüfung aller bisherigen Grundsätze und Ziele in der MEDAU-Gymnastik. Dies war einer der Gründe, sich nach anderen Grundsätzen zu orientieren. Anregungen kamen aus der engen Zusammenarbeit zwischen dem Ehepaar MEDAU und Dr. med. Ludwig SCHMITT sowie Frau Dr. med. Friederike RICHTER aus München. Unbewußt erfolgte damals durch die Beschäftigung mit indischen Hata Yoga-Übungen das Abklopfen dieser Methoden hinsichtlich ihres Nutzens in unserer Gesellschaft – unbewußt erfolgte hier bei der Entwicklung der Organgymnastik die Hinwendung zum therapeutischen Tun. Sowohl von der Gymnastik wie auch von der Lehrweise L. SCHMITT (28) war das verbindende Element die Atmung. Über diese elementare Atmung, die eine große Bedeutung in der Gymnastik hat und der eine starke Bedeutung als gesundheitlicher Faktor zukommt, führt ein gemeinsamer Weg zur Verinnerlichung körperlichen Geschehens. Senta MEDAU baute auf der Theorie der SCHMITT'schen Yoga-Übungen zunächst eine Praxis auf, die über Dehnung, Kräftigung, langsame Bewegungsvollzüge und Halten in bestimmten, dem Yoga verwandten Stellungen die Anregungen der tiefen Atmung bewirken sollte. Anstrengende Arbeit wurde Mittel zum Zweck, um nach der Anstrengung in einer Pause die Atemreize wirksam werden zu lassen. Die Erfolge zeigten, daß diese ruhige, auf sich selbst konzentrierte Arbeit ihre Wirkung auf den Übenden hatte, aber es bestand die Gefahr der Überziehung von statischen Teilen; der Aggression statt Beruhigung. Senta MEDAU's experimentierende Entwicklungsarbeit wurde durch ihren frühen Tod abgebrochen, aber von sehr vielen, die diese Arbeit kennengelernt hatten, weitergeführt. Aus der MEDAU-Schule selbst entwickelte Jutta HOLLER-VON-DER-TRENCK mit einem Lehrerteam die Organgymnastik weiter (12).

In der Literatur (12) zeigte sich ein neuer Ansatz, das „Über-sich-Hinaus“, das dem Einfluß der Atemgymnastik anderer Richtungen (Glaser) zuzuschreiben ist und eine Neigung zur dynamisierenden Arbeit eröffnet. Die Arbeit von HOLLER-VON-DER-TRENCK weckt jedoch den Eindruck einer Konzentration von der Vielfalt der Stellungen und Bewegungen auf acht beschriebene „Endstellungen“, und es wurde die Frage laut, ob die Aufgabe der Organgymnastik sich auf diese Weise erfüllen lasse. Heute ist zu sagen, daß die Veröffentlichung von HOLLER-VON-DER-TRENCK nicht dem Stand der damaligen Arbeit entsprach. Im Lehrbetrieb in Coburg bahnte sich zu gleicher Zeit eine Abwendung von bestimmten Stellungen als eine zu erlernende Fertigkeit an, zugunsten eines prozeßorientierten Übens, wobei die Zielrichtungen Balance, dorsale Dehnung, ventrale Dehnung und laterale Dehnung weiterhin bestimmend blieben.

So ist die Organgymnastik heute mehr dynamisch als statisch ausgerichtet. Sie stellt sich heute als ein Arbeitsgebiet dar, in dem durch Dehnung, Kräftigung und Gleichgewichtsaufgaben die Atmung beeinflußt werden soll, die gemeinsam mit der Arbeitsatmosphäre im Übungsprozeß dem Menschen einen Weg zur Ruhe, Konzentration und Selbstbesinnung aufzeigt. Dabei entwikkeln sich Körpererfahrung und Körperwahrnehmung; man lernt im weiteren Sinne über sich zu verfügen. Mit dieser Art der Erfahrung, der Art des Verfügens, gibt die Organgymnastik eine wesentliche Grundlage, um sowohl in der rhythmischen Gymnastik wie im Tanz konditionelle wie auch koordinative Fähigkeiten einzubringen und zu üben. Die der Organgymnastik eigene körperliche Selbsterfahrung fördert den Bewegungsausdruck und stärkt das Selbstbewußtsein.

Wenn Senta MEDAU die Organgymnastik definiert als Atemdruckwelle, die bezüglich ihrer Kraft und Größe und ihres Richtungsverlaufes nachhaltig die Durchblutung, Reinigung, Kräftigung und Aktivierung aller Organe (12) bewirkt, wollen wir nach dem Gesagten versuchen, sie nach unserem heutigen Verständnis den durchgeführten Untersuchungen und Erfahrungswerten neu zu definieren.

Definition der Organgymnastik

Die Organgymnastik ist ein Übungsgebiet vielfältiger Dehn- und Kräftigungsarbeit sowie der Verbesserung der Gleichgewichtsfähigkeit. Neben einer Veränderung der Muskelfunktion wird dadurch der Atemzyklus auf reflektorische Weise beeinflußt und seine Dynamik verbessert. Die Organgymnastik ist eine ruhige, konzentrierte Bewegungsarbeit vorwiegend am Boden.

Durch diesen Vorgang, unterstützt durch ruhige, konzentrierte, den Bewegungsablauf verfolgende Ausführung, entsteht nach bisheriger Erfahrung in den meisten Fällen eine Wirkung der psychischen Entspannung oder einer Lösung, die zu neuer Aktivität führt.

Abgrenzung gegen andere Arbeitsweisen

Die Organgymnastik ist nicht die einzige Arbeitsweise, die sich in den letzten Jahrzehnten in Deutschland ausgebreitet hat. Unter der Tendenz des „Sichzurückziehens" aus der Hektik des Alltags, der Sammlung, des zeitweisen Abstandnehmes zu den fordernden Geschehnissen des täglichen Lebens entwickelten sich neue Entspannungstechniken.

Um die Besonderheiten der Organgymnastik und ihre der Definition entsprechende Arbeitsweise weiter zu klären, scheint es notwendig zu sein, sie in ihrer Einflußnahme gegen andere Ansprüche abzugrenzen.

Die nachfolgenden Richtungen wurden von uns weitgehend anhand vorhandener Literatur bearbeitet, um die Klarheit der Ansprüche der Organgymnastik herauszuarbeiten. Wir haben bewußt die einzelnen Beiträge alphabetisch geordnet und wollen sie darstellen, ohne zu werten.

Die Atemarbeit der Schule Schlaffhorst-Andersen

Die Atemarbeit der Schule SCHLAFFHORST-ANDERSEN basiert auf der lebenslangen Forschungsarbeit von Clara SCHLAFFHORST und Hedwig ANDERSEN in der ersten Hälfte dieses Jahrhunderts. Wesentlichstes Anliegen waren ihnen die feinen Wechselbeziehungen zwischen dem Atemgeschehen und der menschlichen Stimme, deren naturgegebene Funktionen und tiefe Bedeutung für den Menschen sie durch täglich neue Erfahrungen an sich und ihren Schülern zu erfassen vermochten. Sie erkannten, daß die Entwicklung organischer Atem- und Stimmfunktionen gleichzeitig eine Persönlichkeitsentwicklung und damit einen Erziehungsweg darstellt. Sie haben gezeigt, daß die Beschäftigung mit dem Gesang und der Kunstsprache auch bei nicht musikalisch oder sprechbegabten Menschen zu schöpferischen Aussagen führen kann. Sie entwickelten einen Übungsweg, der für jeden Menschen gangbar ist.

Die Atmung des Menschen ist ein vegetativer Vorgang, der willkürlich beeinflußt werden kann. Von dieser Tatsache ausgehend, entwickelten Clara SCHLAFFHORST und Hedwig ANDERSEN Übungen, mit deren Hilfe sich gestörte Atembewegungen und die damit oftmals verbundene Ateminsuffizienz mit ihren vielfältigen negativen Folgen für den gesamten Organismus korrigieren bzw. beheben lassen (Atemtherapie). Darüber hinaus werden die Übungen zur Kräftigung und Verbesserung der gesunden Atmung eingesetzt (Atempflege) und schließlich zur Schulung der Atemfunktion in Richtung auf eine erhöhte Leistungsfähigkeit – insbesondere im akustischen Bereich – als Voraussetzung zu einer optimalen Entfaltung der menschlichen Ausdrucksfähigkeit (Atemschulung).

Im Zentrum der Arbeit der Schule SCHLAFFHORST-ANDERSEN steht die Pflege, Wiederherstellung und Entwicklung des natürlichen Atemrhythmus. Dieser ergibt sich aus dem stets wiederkehrenden Wechsel von Anspannungs-, Abspannungs- und Lockerheitsphasen. Ziel der Atemarbeit am Menschen ist es, diesen Rhythmus im Leben – in einer der jeweiligen Situation angepaßten Weise – verwirklichen und durchhalten zu lernen. Mit einer Reihe verschiedenartiger Übungsformen wird dieses Ziel angestrebt. Die Übungen richten sich dabei nach den konstitutionellen Gegebenheiten und Notwendigkeiten des Schülers/Patienten. Dieser wird durch Anleitung zum eigenverantwortlichen Üben und Arbeiten an sich selbst hingeführt.

Zu diesen Übungsformen gehören u. a.:

- Bewegungs- und Haltungsübungen. – Mit Hilfe bestimmter Bewegungsmuster, z. B. Kreisen und Schwingen, dienen sie sowohl zur Atemanregung, Kreislauf- und Blutdruckregulierung als auch zum Spannungsausgleich im Sinne von Eutonus. Gleichfalls sollten Körperbewegungen aus dem Atemrhythmus und seiner Impulskraft entwickelt werden. Die Koordination von Atembewegung und Körperbewegung ermöglicht das Vermeiden von Überanstrengungen innerhalb der Funktionsabläufe und die Steigerung der Leistungsfähigkeit.
- Manuelle Hilfeleistungen. – Darunter sind z. B. Berührung und Stützung zu verstehen. Sie dienen dazu, die Atmung anzuregen und bewußt und damit erlebbar werden zu lassen.
- Widerstandsübungen. – Die Widerstände werden einerseits dem ganzen Körper in Form von Gegenständen oder äußerer Bewegung, andererseits speziell dem Atem in Form von Sprachlauten entgegengesetzt. Sie dienen der Kräftigung der Atemmuskulatur und der Steigerung der Haltespannung derselben. Letzteres ist Grundlage für den gezielten Umgang mit dem Atem beim Sprechen und Singen.
- Atemschriftzeichen. – Sie stellen eine Übungsweise besonderer Art dar, welche mit dem Zeichenstift oder in der Vorstellung ausgeführt wird. In Verbindung mit Stimm- und Sprechübungen eingesetzt, unterstützen sie durch ihren stark ordnenden Charakter vor allem die Arbeit am Atemrhythmus.
- Sprache und Musik. – Die Beschäftigung mit Gedicht und Lied gilt der Schulung eines flexiblen und differenzierten Umgangs mit dem Atem. Die Herausforderung der psychischen und geistigen Gestaltungskräfte im Menschen zeigen Auswirkungen auf das Atemgeschehen. Bei der Arbeit am künstlerischen Ausdruck wird aber auch erfahren, daß eine nach allen Richtungen „gebildete“ Atmung die Voraussetzung für große sprecherische und sängerische Leistungen ist.

Atemgymnastik als krankengymnastische Behandlung

Die Atemgymnastik ist in der Regel ärztlich verordnet bei Störungen der Atmung oder zur Prophylaxe möglicher Komplikationen des Atmungsapparates. Meist erfolgt sie als Einzelbehandlung, da eine wirksame Atemtherapie nur als Folge einer gründlichen Befundaufnahme zu erwarten ist. Entsprechend wird dann ein individueller Therapieplan erstellt, der gleichzeitig auch die Möglichkeit eröffnet, spätere Stadien mit dem Anfangszustand des Patienten zu vergleichen, also die Richtigkeit der angewandten Technik zu überprüfen.

In der Behandlung wird der Patient in seiner Wahrnehmung auf das Atemgeschehen bewußt hingelenkt. Der Therapeut kann dies durch manuelle Hilfe unterstützen. Falls Sekret vorhanden ist, wird dies durch mechanische Einwirkung auf den Brustkorb oder durch entsprechende Lagerungen mobilisiert und der Patient zum effektiven Husten angeleitet. Falls schrumpfende Prozesse der inneren Atmungsorgane drohen, sind Dehnlagerungen ein wichtiger Bestandteil der Therapie. Um eine möglichst große Wirksamkeit der Atemgymnastik zu erhalten, muß der Patient täglich mehrmals selbständig üben.

Gemeinsamkeiten mit der Organgymnastik sind darin zu sehen, daß das Ziel beider identisch ist, nämlich optimale Atembewegung in Ruhe und Belastung. Die Kriterien für die Art der Bewegungen, ihre Ausführungen, die Statik der Wirbelsäule etc. sind die gleichen (wobei in der Krankengymnastik oft Konzessionen infolge schwerer Krankheitsbilder unumgänglich sind). Daß Kondition, Konstitution und Statik teils unveränderbare Merkmale der individuellen Atemweise bedingen, berücksichtigen beide Gymnastiktypen. Überschneidungen in bezug auf die Durchführung ergeben sich, sobald die Koordination Atem-Bewegung-Belastung geübt wird. Das Bewußtmachen der Atembewegungen, der Atemfrequenz und des Atemrhythmus etc. wird in der Krankengymnastik bei einer Vielzahl von Patienten anfänglich vermehrt angewandt, jedoch immer im Hinblick darauf, daß die Atmung ein reaktives Geschehen ist oder sein sollte.

Unterschiedlichkeiten zur Organgymnastik ergeben sich immer dann, wenn die Atemtherapie an kranken Menschen ausgeführt wird, die begrenzt belastbar sind und deren Krankheitsbild gezielt krankengymnastische Maßnahmen erfordert.

Autogenes Training

Der Erfinder des Autogenen Trainings – H. SCHULZ – sagt selbst, das Prinzip der Methode des Autogenen Trainings sei darin gegeben, durch bestimmte physiologisch rationale Übungen eine allgemeine Umschaltung der Versuchsperson herbeizuführen, die in Analogie zu den älteren fremdhypnotischen Feststellungen alle Leistungen erlaubt, die den echten suggestiven Zuständen eigen sind. Autogenes Training bedeutet die Umschaltung in einen hypnoseähnlichen Ausnahmezustand durch Selbstentscheidung einer Versuchsperson. Durch die Fähigkeit der Autohypnose ermöglicht das Autogene Training das Erreichen von sogenannten prophylaktischen Ruhepausen.

Die Gemeinsamkeiten mit der Organgymnastik sind in einer allgemeinen vegetativen Umschaltung und Beruhigung der Versuchsperson zu sehen. Untersuchungen (HERMES und MEDAU, 1983) der Wirkung der Organgymnastik haben im psycho-emotionalen Bereich Ähnlichkeiten mit denen des Autogenen Trainings erkennen lassen.

„Bewußtheit durch Bewegung" nach Moshé Feldenkrais

Drei Dinge sind es, die nach Überzeugung des israelischen Gelehrten FELDENKRAIS den Menschen prägen: Vererbung, Erziehung und Selbsterziehung. Die ersten beiden Komponenten sind dem Menschen vorgegeben, die dritte jedoch hängt von seinem eigenen Willen ab. Nach FELDENKRAIS (7) ist der Mensch Gegenstand und Opfer einer repressiven Erziehung und muß sich erst seiner selbst, d. h. auch seines Körpers und dessen Funktionen bewußt werden, wenn er wirklich Mensch sein will. Die Methode, mit der das erreicht werden soll, ist ein bewußtes Training aller Funktionen, der geistigen wie der körperlichen. Körperliche Übungen und geistiges Bewußtseinstraining gehen Hand in Hand. Die Arbeit von Moshé FELDENKRAIS scheint uns sehr viel Verwandtheit mit der GLASER'schen Arbeit zu haben; beide bemühen sich, eine neue Bewußtseinsdimension im Menschen aufzubauen und durch Übungen zu erreichen.

Uns scheinen beide Methoden – GLASER und auch FELDENKRAIS – weit über das Körperliche hinauszugehen und mehr eine Lebensphilosophie darzustellen. Diesen Anspruch kann die Organgymnastik nicht erheben.

Bioenergetik

Alexander LOWEN schrieb 1979 (19) über die Therapie der Seele durch Arbeit mit dem Körper – Bioenergetik genannt.

Die Bioenergetik geht davon aus, daß alle körperlichen und seelischen Vorgänge nur verschiedene Ausdrucksformen eines einzigen einheitlichen Lebensprozesses sind. Das Prinzip, das der Bioenergetik als Basis dient, ist die Annahme einer gleichzeitigen Dualität und Einheit der menschlichen Persönlichkeit.

Die Bioenergetik ist eine therapeutische Methode, die dem Menschen hilft, wieder zu seinem Körper zurückzufinden. Sie erstreckt sich auf grundlegende menschliche Funktionen, wie Atmung, Bewegung, Gefühl, Selbstausdruck und Sexualität.

Das Ziel der Bioenergetik ist, dem Menschen wieder zu seiner Natur, wie es dort heißt, zu seiner Primärnatur, zu verhelfen, zum Zustand der Freiheit, Anmut und Schönheit. Freiheit, Anmut und Schönheit sind die natürlichen Merkmale jedes lebendigen Organismus. Freiheit ist Hingabe an den Fluß der Gefühle, Anmut ist der Ausdruck dieses Flusses in Bewegungen, und Schönheit ist die Äußerung der inneren Harmonie, die ein solcher Fluß erzeugt.

Psychische Krankheiten finden ihren Ausdruck nicht nur in bestimmten Verhaltensweisen, sondern auch in Körperhaltung, Stimme, Mimik und Atmungsweise. Sinn und Ziel der bioenergetischen Therapie ist es deshalb, Fehlsteuerungen nicht nur zu analysieren, sondern ihre körperlichen Anzeichen zu behandeln, um so auf den inneren Heilungsprozeß von außen einzuwirken. Sobald sich der Mensch seines Körpers wirklich bewußt wird, mit ihm arbeitet, ihn erlebt, gewinnt er ein völlig neues Verhältnis zu sich selbst und wird auch Angstzustände und Streßsituationen überwinden.

Die Bioenergetik bewirkt durch harmonische Kommunikation von Bewegung und Empfindung, Denken und Handeln jene Lebensbalance, deren Verlust heute so viele Menschen beklagen. – Durch Gespräche und körperliche Übungen wird versucht, dieses Ziel zu erreichen.

Die Ziele der Bioenergetik, nämlich die Wiederentdeckung der Körperlichkeit, das „Sich-im-eigenen-Körper-zurecht- und -wohlfühlen", sind die unserer Organgymnastik. – Der Weg ist sicherlich ein anderer.

Eutonie

Eutonie bedeutet eine durch Ausgleich der Körperspannungen erreichbare optimale Spannungsbalance.

Die von Gerda ALEXANDER (1), Kopenhagen, entwickelte Eutonie als Verfahren somatisch psychischer Rehabilitation und Therapie hat ihren Ursprung in der rhythmisch-musikalischen Erziehung. Sie ist geschaffen worden als Vorbereitung für körperliche, künstlerische Übungen, aber auch für therapeutische Zwecke. Therapeutische Wirkung sei nicht nur bei psychosomatischen und Streßerkrankungen feststellbar, sondern auch bei neurologischen Leiden, bei der Poliomyelitis, spastischen Lähmungen, Querschnittslähmungen und Phantomschmerzen.

Ähnlichkeiten zur Organgymnastik ergeben sich aus dem Bemühen, daß bereits die bloße Hinwendung der Aufmerksamkeit auf bestimmte Körperteile ein Bewußtsein für den Körper ermöglicht, die Zirkulation belebt und den Tonus verändert. Der Unterschied zur Organgymnastik liegt in der Tatsache begründet, daß mit letzterer keine therapeutischen Erfahrungen vorliegen. Eine therapeutische Wirksamkeit, wie bei der Eutonie angegeben, die z. B. auf Hyper- und Hypotonie einwirken soll, ist von der Organgymnastik nicht belegt.

Auch die Eutonie befaßt sich mit bestimmten Körperhaltungen und Körperstellungen (Kontrollstellungen), die ähnlich wie die Organgymnastik nicht nur zu einem besseren Körperbewußtsein, sondern auch zu einer psychischen Stabilisierung besonders bei labiler Ausgangssituation führt.

Eutonie nach Dr. Glaser

Uns scheint es sehr schwer, diese Form der Therapie mit den anderen aufgeführten therapeutischen Systemen zu vergleichen.

GLASER (8) fand in dem chinesischen Meridian-System ein Ordnungsschema der psycho-somatischen Körperdynamik und fand die Kairaku-Übungen als Grundformen der Bewegungsentwicklung, wenn nicht sogar überhaupt der menschlichen Entwicklung. Es sind dies Formen, die durch passive Veranlassung oder durch aktives Handeln auf Veränderungen der Umwelt angelegt sind, die Kennzeichen menschlicher Entwicklungsstufen und Verhaltenstendenzen sind und mit bestimmten Körperräumen und Atemformen die psychischen Stufen der Animalität, Emotionalität und Rationalität des Menschen entwickeln helfen. Sie sind – wie eigentlich jedes menschliche Handeln – an Bezugnahme = Transsensus und Obtentus gebunden. Dieser Transsensus als Voraussetzung zu günstigem Verhalten und als Bedingung körperlicher Selbstregulationen ist das zentrale Anliegen GLASER's, welches er in seinem Übungsbeispiel zum Aufbau von Transsensus darstellt und Grundlage seiner psycho-taktilen Therapie, seiner Atem-Massage und seines verbal-taktilen Eutonie-Aufbaues. GLASER will keine methodischen Wege vermitteln, sondern Gesetzmäßigkeiten und Strukturen des menschlichen Verhaltens aufzeigen. Zwar bildet er inzwischen auch Menschen aus den therapeutischen und pädagogischen Berufen aus, doch hatte er bis vor einigen Jahren immer betont, daß jeder Teilnehmer in seinem Arbeitsgebiet die entsprechenden methodischen Wege in Anlehnung an die von ihm gegebenen Strukturen selbst suchen und verwirklichen müsse.

GLASER sagt: „Das Selbst findet man nicht, solange man in sich selbst auf Suche geht; nur im Transsensus ist ein Ansprechen der Tonusregulation möglich. Man kann nicht Eutonie machen. Eutonie kann man höchstens an sich selbst indirekt erfahren, indem man sich ihrer inne wird." GLASER's Übungen werden verbal begleitet. Es spielt die Vorstellung als Bewegungsvorstellung im Sinne eines „Über-sich-hinaus-Wachsens" eine große Rolle. Hier sehen wir Ähnlichkeiten vom Vorstellungsvermögen her wie beim Autogenen Training.

GLASER geht es darum, den Menschen durch seine Übungen zu einer positiven Persönlichkeitsentwicklung zu bringen. Er möchte daran arbeiten, das vordergründig gegenwärtige Leibbewußtsein entschwinden zu lassen und dem seelischen Empfinden für das gefühlsmäßig „in der Welt sein" Platz zu schaffen. Durch die Hinwendung auf sein sinnvolles Tun erhält der Leib eine Transparenz, als wäre er gar nicht vorhanden, und doch bedient man sich seiner mit natürlicher Selbstverständlichkeit. Die muskulären Spannungen fallen ab, die Glieder verlieren ihre Schwere. Stehen, Handeln und Reden werden problemlos und vollziehen sich ohne Augenmerk auf den Vorgang wie von selbst. Die Sensibilität für Berührung ist gesteigert und führt zur besseren Anpassung und Koordination, Elastizität und Balance, ohne daß es dem Übenden bewußt wird. Erst im nachhinein vermerkt man mit Erstaunen und voller Freude, daß der Leib alles so gut und richtig vollzogen hat, wie man es unter willkürlicher Direktive nie hätte leisten können. Dies alles bewirkt die Eutonie.

Gemeinsamkeiten der GLASER'schen Arbeit an der Eutonie und der Organgymnastik sind:

1. Die Orientierung an den im Menschen angelegten gesunden Kräften, die es zu fördern und zu entwickeln gilt.
2. Die ganzheitliche Ansprache und Aufgabenstellung, die zu Bezugnahme = Transsensus verlocken und damit zu körperlichen Selbstregulationen des Haltungs-, Bewegungs-, Spannungs- und Atemgeschehens führt.

Unterschiede der Arbeitsweisen entwickeln sich durch den Umgang mit unterschiedlichen Zielgruppen. Während es GLASER meist mit Kranken, meist psycho-somatisch Kranken, zu tun hat, die er in Einzelstunden mit Atemmassage behandelt und verbal unterstützt, ist das Arbeitsgebiet der Organgymnastik ursprünglich der Gruppenunterricht mit gesunden Menschen. Demzufolge geht es bei der Organgymnastik weniger um das Bewußtmachen psycho-somatischer Zusammenhänge, als vielmehr darum, Situationen zu schaffen, die zu bezogenem spielhaftem bis sorgsamem Umgang mit Geräten, Partner, Gruppe und Raum führt, was ebenfalls zu körperlichem und psychischem Wohlbefinden führen kann und zu einer Anbahnung von Eutonie.

Die integrative Bewegungstherapie

Sie versucht, den Menschen durch eine besondere Art von Bewegung in seiner Körperlichkeit, seinen emotionalen Regungen, seinen sozialen Interaktionen und seinen geistigen Strebungen zu erreichen. Diese Übungen können Gruppenspiele, auch Einzelinteraktionen sein und dienen in hohem Maße dazu, Emotionen abzureagieren. Sie sind sehr stark Therapeuten-orientiert und in ihrer Auslegung nicht festgelegt, sondern lassen den individuellen Ausführungsbestrebungen großen Spielraum.

Gemeinsam mit der Organgymnastik ist das „Üben am Atem", das bei der integrativen Bewegungstherapie auch durch die Verbalisierung trainiert wird. Die integrative Bewegungstherapie unterscheidet sich von der Organgymnastik durch deutlich freiere Ausdrucksformen, während die Organgymnastik ganz bestimmten Gesetzmäßigkeiten folgt und innerhalb dieser Gesetzmäßigkeiten individuellen Spielraum offenläßt.

Die integrative Bewegungstherapie fordert als Psychotherapie spontane individuelle Reaktionen, die nicht festgelegt sind, heraus. Es werden die körperlichen Reaktionen als Ableitung von Emotionen (z. B. in ein Kissen schlagen) bewußt herausgefordert. Während die Organgymnastik keinerlei Verbalisation kennt, wird in der integrativen Bewegungstherapie teilweise laut gesprochen und auch über das Wort abreagiert.

Körperbildung

Das Arbeitsgebiet der Körperbildung umfaßt alle Übungen, die folgende Aspekte in den Mittelpunkt stellen:

1. Flexibilität (Dehnung und Beweglichkeit),
2. Kräftigung,
3. Koordination (Gleichgewicht-Körperzusammenschluß, Haltungsaufbau),
4. Ausdauer.

Es kann ohne und mit Handgerät gearbeitet werden. Letztere werden dann eingesetzt, wenn sie der Erreichung der Ziele dienlich sind.

Die Körperbildung ist somit die Basis jeder gymnastischen Arbeit, weil wichtige Voraussetzungen zur Bewegungsbildung und Bewegungsgestaltung geschaffen werden. Zwischen Körperbildung und Organgymnastik bestehen viele Gemeinsamkeiten, da alle körperbildenden Aspekte auch in der Organgymnastik enthalten sind.

Gegensätzliches ist teilweise in den Arbeitsverfahren zu finden. Während die Körperbildung auch sehr schnelle und kraftvolle Bewegungsabläufe übt, orientiert sich die Organgymnastik weitgehend und differenziert an den individuellen Bewegungsmöglichkeiten jedes einzelnen sowie an der ruhigen Atmung. Sie ermöglicht somit eine Vertiefung der Sensibilität und der Konzentrationsfähigkeit.

Muskuläre Relaxation

Die Methode der progressiven Muskelentspannung wurde 1938 von JACOBSEN (15) der amerikanischen Öffentlichkeit vorgestellt, zu einer Zeit, in der auch in Deutschland das Autogene Training nach Schulz entwickelt war. Die JACOBSEN-Methode wurde zur Lösung von Spannung und Angst eingesetzt. WOLPE (auch 15) entwickelte daraus eine systematische Behandlungsmethode. Während in Deutschland anfangs fast nur das Autogene Training Verbreitung fand, arbeitete man in den Vereinigten Staaten überwiegend mit der Methode nach JACOBSEN. Sie wurde erst über die Verhaltenstherapie auch in der Bundesrepublik zunehmend bekannt. Die Methode basiert auf der Erkenntnis, daß bei Angstzuständen Muskelkontraktionen auftreten und daß durch Aufhebung der Muskelspannung die Angst behoben werden kann.

Die Anspannung dient also u. a. der Wahrnehmungsschulung für Spannungsunterschiede, denn zum Erreichen einer tiefen Entspannung ist es notwendig, daß einzelne Spannungszustände im Körper erkannt und unterschieden werden können. Durch Erhöhung der Muskelkontraktion und Beobachtung der dabei auftretenden Entspannungsänderungen lernt der Übende im Laufe der Zeit jene feinen Änderungen im Muskeltonus wahrzunehmen, die ihm normalerweise verborgen bleiben. Es kommt also zu einer Art Sensitivierung für körperliche Spannungszustände, die es ermöglicht, Anspannungen und beginnende Verspannungen frühzeitig wahrzunehmen, um mit Entspannung darauf reagieren zu können.

Die reflektorische Atemtherapie

Die reflektorische Atemtherapie gliedert sich in eine manuelle Therapie – auch Atemmassage genannt – und in die Atemgymnastik.

Mit der manuellen Therapie werden Voraussetzungen für eine optimale Form des Atembewegungsablaufes geschaffen. Aufgrund gezielter Druckverschiebungen im Bereich von Haut und Muskeln oder durch Schmerzreize unterschiedlicher Dosierung wird eine nervöse reflektorische Steuerung in Form eines Regelkreises in Gang gesetzt und somit unwillkürlich eine Veränderung und Regulierung der Atmung hervorgerufen.

Die Druck- und Schmerzreize werden an den Ursprüngen und Ansätzen der gesamten Atem- und Rumpfmuskulatur und der Extremitätenmuskulatur angesetzt.

Als Vorbedingung auf einen ökonomischen Atembewegungsablauf wird die normale Grundinnervation der Atem- und Atemhilfsmuskulatur wiederhergestellt. Außer auf die Lungenfunktion hat diese Massage noch eine Wirkung auf andere innere Organe durch die nervös reflektorische Steuerung als Folge der Reizsetzung. Die Indikation zur Anwendung besteht hauptsächlich bei Erkrankungen der Atmungsorgane. Im Rahmen der Psychotherapie wird diese Atemtherapie als Entspannung angeboten und wirkt sich bei orthopädischen Erkrankungen wie Morbus Bechterew, Skoliosen und WS-Syndromen positiv aus.

Die Atemgymnastik, die L. SCHMITT (28) aus Yoga-Übungen entwickelt hat, stellt den aktiven Teil der reflektorischen Atemtherapie dar. Der Patient soll bei den Übungen weiteratmen, auf vertiefte Atembewegungen achten und das Nachatmen in der Ruhelage erleben.

Besonders der aktive Teil der reflektorischen Atemtherapie – die Atemgymnastik – ist teilweise mit der Organgymnastik identisch. Der Grund ist historisch zu sehen, denn L. SCHMITT hat bei der Entwicklung beider Methoden Pate gestanden.

Der Unterschied liegt darin, daß die Durchführung der Organgymnastik nicht an eine vorherige Massage gebunden ist, obwohl dies in verschiedenen Fällen sicher wünschenswert sein könnte. Des weiteren bleibt festzustellen, daß das Erreichen der Endstellungen heute nicht mehr die Bedeutung hat wie in der reflektorischen Atemtherapie.

Schöpferische Meditation und multidimensionales Bewußtsein nach Lama Anagarika Govinda

In der schöpferischen Meditation geht es in erster Linie um die Meditation als ein Akt schöpferischer Selbstentfaltung, ein bewußtes jeden Augenblick unseres Lebens erfüllendes Werden. Diese Meditation ist etwas grundsätzlich Individuelles, ein schöpferischer Prozeß, der von dem einzelnen unter Einsatz aller seiner inneren Kräfte vollzogen wird. Sie wird verstanden als ein Weg der Integration und Bewußtseinswerdung. Diese Meditation in einem auch heute noch lebendigen Buddhismus hat mit den Quellen der Organgymnastik sicherlich viele Gemeinsamkeiten. Wir haben jedoch, wie ausgeführt, die Organgymnastik entmythologisiert und können daher auch nicht diesen Anspruch wie GOVINDA mit seiner schöpferischen Meditation erheben. Es geht bei dieser Arbeit um das Gleichgewicht zwischen Körper und Seele mit eigenem Körperschwerpunkt im Sinne buddhistischer Meditation. Durch die Auffassung verschiedener Kraftströme, die im Körper wirken, stellen sich Parallelen zu Alexander LOWENS Bioenergetik her. In dem Buch von GOVINDA heißt es auf Seite 145 „Einatmend nehme ich die Welt in mir auf, ausatmend gebe ich der Welt mich hin.“, Sätze, die durchaus dem Buch von Ludwig SCHMITT „Atemheilkunst“ entnommen sein könnten. Insofern bestehen Zusammenhänge und Gemeinsamkeiten zwischen der Organgymnastik und der Schöpferischen Meditation, aber die Arbeit von GOVINDA scheint uns weit über die Organgymnastik hinauszugehen.

Stretching (Bob Anderson)

Die Übungen des Stretching sind teilweise den Übungen der Organgymnastik sehr ähnlich. Die Dehnung spielt die entscheidende Rolle. Von den motorischen Hauptbeanspruchungsformen wird in erster Linie eine Verbesserung der Flexibilität trainiert (ANDERSON: „Die Leistung ist unwichtig – wichtig ist die größere Gelenkigkeit.“).

Gemeinsamkeiten zwischen der Organgymnastik und dem Stretching scheinen uns in dem Bemühen zu liegen, über die Entspannung des Körpers auf den Gesamtmenschen zu wirken.

Die Übungen bestehen wie bei der Organgymnastik aus muskulärer Dehnung und Kontraktion.

Die Unterschiede bestehen im wesentlichen in der Darreichungsform. Auch die Organgymnastik möchte dazu beitragen, daß Bewegungen leicht und fließend sind und zur besseren Elastizität führen. Sie verspricht jedoch keinen „sinnlicheren“ Gang und „zärtlichere“ Bewegung.

T'ai Chi Ch'uan

T'ai Chi ist eine Bewußtseinsschulung, ein Weg sich selbst durch festgelegte Übungen, die spontan, langsam, quasi im Zeitlupentempo durchgeführt werden, zu finden. Dabei ist auf den fließenden Atem zu achten. T'ai Chi schult das Empfinden für Meditation, Bewegung und Bewußtsein. Es ist stark mit Vorstellungen einer Bewegung, wie beispielsweise auch das Autogene Training, verbunden.

„T'ai“ bedeutet „sehr groß“, „Chi“ ist das Äußerste, das am Anfang Stehende. So kann „T'ai Chi Ch'uan“ etwa folgendermaßen interpretiert werden. Jede Form des T'ai Chi Ch'uan besteht aus Kreisbewegung in Kontinuität, wie es die Kurven des Doppelfischdiagramms zeigen. Diese Kreisbewegungen sind mit zahlreichen Gegenbewegungen im Wechsel verbunden, z. B. Weichheit gegen Festigkeit, Ruhe gegen Bewegung, Kühnheit gegen Sanftmut, Angriff gegen Zurückziehen. Beim Ausüben des T'ai Chi Ch'uan sollte man langsam und kontinuierlich von der Ruhe zur Aktivität gelangen und umgekehrt. Alle Bewegungen sind miteinander verbunden, ohne Unterbrechung, als gäbe es keinen Anfang und kein Ende – wie ein perfekter Kreis.

T'ai Chi Ch'uan ist sowohl eine außergewöhnliche Sportart als auch eine besondere chinesische martialische Kunst. Seine Charakteristika sind folgende: Alle Bewegungen sollen sanft sein. Außerdem soll jede Kraftanstrengung vermieden werden. Im Gegenteil, alle Knochen und Gelenke sind zu lokkern, um einen hohen Grad von Leichtigkeit und Geschmeidigkeit zu erreichen. Alle Bewegungen sollen langsam sein, dem Gang einer Katze vergleichbar. Wenn man alle Teile des T'ai Chi Ch'uan im richtigen Tempo übt, ergibt sich eine Gesamtzeit von 15–20

Minuten. T'ai Chi Ch'uan ist eine vollkommene Körperübung, die ein ununterbrochenes Zusammenspiel aller Körperteile erfordert, um den Zustand vollständiger Aktivität oder vollständiger Ruhe zu erreichen, eine Koordination des Inneren und des Äußeren.

Das Loslassen ist bei den Übungen sehr wichtig - besonders das Loslassen der Atmung und das Erspüren des eigenen Atemrhythmus.

T'ai Chi hat viel Ähnlichkeit mit der Organgymnastik, besonders in den Bereichen, den eigenen Körper zu erspüren und zu erfahren, wobei - wie in der Organgymnastik - dem Atemfluß eine große Bedeutung zukommt. Auch spielt die Vorstellung der Dehnung und des Raumbezuges eine ähnliche Rolle wie bei der Organgymnastik.

Uns scheint bei den T'ai-Chi-Übungen das Transzendente und die Vorstellung („Stellt Euch vor, daß Ihr auf dem Wasser geht") eine tragende Rolle zu spielen. Auch kommt dem Kreis in den Bewegungen des T'ai Chi Ch'uan eine besondere Bedeutung zu (alle Bewegungen des T'ai Chi sind Variationen einer Kreisbewegung).

Yoga

Yoga wird seit über 5000 Jahren in Indien geübt und entsprach zeitweise den auch bei uns üblichen sportlichen Bewegungen. Über einen gesunden, schönen, beherrschten Körper gelangt der Yogi mit Hilfe der Konzentration und Meditation zu tiefster Versenkung in eine andere Welt.

Yoga wird in acht verschiedenen Stufen erlernt und ausgeübt. Die ersten beiden Stufen sind entsprechend unseren religiösen Vorschriften bestimmte Gesetze und Prinzipien, die im Sinne einer reinigenden Einstellung eingehalten werden müssen. Erst ab der dritten Stufe werden Körperhaltungen geübt, ab der vierten Stufe kommen zu den Haltungen die Beherrschung des Atems und der Atemtechnik. Die Organgymnastik hat mit den Yoga-Stufen drei und vier als körperliche Übung viel gemeinsam. Auch hier wird eine Konzentration durch bestimmte Übungen erreicht und der Atem definitionsgemäß reflektorisch beeinflußt. Der Unterschied besteht in der völligen Entmythologisierung der Übungen, die wir in der Organgymnastik verwenden.

Zusammenfassende Betrachtung

Die zusammenfassende Betrachtung der in Abgrenzung zur Organgymnastik dargestellten Arbeitsweisen soll zum Abschluß eine sehr subjektive Würdigung erfahren.

Auf der einen Seite wurden nur Arbeitsweisen herausgegriffen, die als Ziel die Beeinflussung des Körpers im Sinne einer Verbesserung der Leistungsfähigkeit erbringen können. Zu nennen sind hier die reine Körperbildung und das Stretching. Die Steigerung der Leistungsfähigkeit steht bei diesen Übungen im Vordergrund. Einfluß auf die Psyche wird nicht bewußt genommen. Eine Befriedigung entsteht ausschließlich durch eine gesteigerte Leistungsfähigkeit.

Als nächstes sind Übungsweisen zu nennen, die eine Beeinflussung über die Atmung vermitteln und psychisch entspannende Wirkung haben. Hier sind zu nennen: das Autogene Training, die reflektorische Atemtherapie, die muskuläre Relaxation, T'ai Chi und die Atemarbeit nach SCHLAFFHORST-ANDERSEN.

Als Arbeitsweisen, die zunehmend während ihres Verlaufs das Bewußtsein umformen möchten, können folgende aufgeführt werden: die Bioenergetik, Bewußtsein durch Bewegung nach Moshé FELDENKRAIS, die integrative Bewegungstherapie, die Eutonie nach Gerda ALEXANDER sowie die Eutonie nach GLASER.

Die Schöpferische Meditation und Yoga bieten die Möglichkeit, sich zeitweise von der Gegenwart zu lösen und weltanschauliche Grundsätze zu verfolgen.

Viele der beschriebenen Arbeitsweisen verfolgen mehrere Aspekte auf einmal. Die Wahl des Gebietes bzw. die Art ihrer Anwendung ist entscheidend abhängig von der jeweiligen Zielgruppe (gesunde oder kranke Menschen).

Die Organgymnastik grenzt sich laut Definition (siehe Seite 11) von vielen der angeführten Arbeitsweisen deutlich ab und erhebt keinen transzendentalen Anspruch. Die Organgymnastik empfindet sich als ein Teilgebiet der rhythmischen MEDAU-Gymnastik und rundet diese ab. Sie arbeitet verstärkt an der Dehnung und Kräftigung, wobei sie sich statischer als auch dynamischer Elemente bedient. Sie fördert die Konzentration und das Erleben körperlicher Vorgänge. Sie ist eine Arbeit, die in Ruhe und Besinnung auf bestimmte Abläufe und koordinative Vorgänge hinweist, die einen Wechsel von Spannung und Entspannung anstrebt und damit einen Beitrag zur Eutonie leistet. Sie ist atmungsaktiv und hat zudem ein konditionelles Anliegen.

Mit diesen Ausführungen gehen wir über die zunächst rein medizinisch orientierte Definition hinaus.

Auswirkungen der Organgymnastik

Es ist schwer, verbindliche Aussagen über den psychischen Einfluß eines Geschehens zu machen. So sind auch Untersuchungen gerade im psychischen Bereich immer eine Frage der Interpretation. Dagegen hat die Sportmedizin heute Methoden entwickelt, die kardio-respiratorische und metabolische Reaktionen und Adaptationen exakter messen und im Bereich körperlicher Belastungen quantifizieren lassen. So soll zunächst teilweise aus der Erfahrung im Umgang mit der Organgymnastik berichtet und der nicht immer abgesicherte medizinische Aspekt dargestellt werden.

Auswirkungen auf den Bewegungsapparat

Auswirkungen auf die statische und dynamische Muskelarbeit

Die Bewegungsabläufe der Organgymnastik verlangen in unterschiedlichem Ausmaß dynamische und statische Arbeit, Dehnvermögen sowie Entspannungsfähigkeit der Muskulatur. Innerhalb der Bewegungsabläufe ist immer eine Mischung von dynamischer und statischer Arbeitsweise anzutreffen. Wird während einer Bewegung eine Zwischenphase eingeschaltet, in der der Körper für einen Moment verharrt, ist statische Arbeit für das Aufrechterhalten einer bestimmten Körperspannung oder des Gleichgewichtes verantwortlich. Diese dann geforderte statische Arbeit verstehen wir als eine Form „bewegten Haltens". Der Begriff „bewegtes Halten" soll das „ständige Gleichgewicht-Suchen" ausdrücken. Es soll vermieden werden, das Gleichgewicht verspannt zu halten, was meist mit einer Preßatmung verbunden ist.

Die verlangte Muskelarbeit wird auch beim „bewegten Halten" eine vorwiegend statisch-isometrische sein. Untersuchungen über die Auswirkung dieser Trainingsform auf die Muskulatur liegen nicht vor. Die Befunde von HETTINGER und STOBOY können nur teilweise für eine Erklärung herangezogen werden, da sie vorwiegend mit extrem untrainierten Muskelgruppen (Patienten nach längerer Ruhigstellung im Gipsverband) gewonnen wurden. Der Ausdruck „bewegtes Halten" kann am ehesten dem Begriff der „dynamischen Stabilisation" nahekommen, so wie er in der funktionellen Bewegungslehre von KLEIN-VOGELBACH (1984) definiert ist. Das Ziel dieser Form der statischen Arbeit mit dynamischem Anteil ist das Hinauszögern der normalerweise rasch auftretenden Ermüdungserscheinungen der Muskulatur bei rein statischer Arbeit. Diese Wirkung hat nur Erfahrungswert und ist nicht wissenschaftlich bewiesen.

Um dieses „bewegte Halten" in einer solchen Zwischenphase der Bewegung zu realisieren, muß der Betreffende sich vorstellen, daß der Körper auch in solchen Phasen unaufhörlich über seine Grenzen weiter von innen nach außen „über sich hinausdehnt". Dies geschieht durch einen aktiv ausgeführten Längszug in der gedachten Verlängerung der Längsachsen der einzelnen Körperteile. Dieser Längszug bewirkt eine Ökonomisierung der Haltearbeit der einzelnen Muskeln, da durch diesen Vorgang die zu leistende Arbeit auf eine größere Anzahl Muskelgruppen verteilt wird. Ferner wird dadurch die Muskeldruckbelastung auf einzelne Gelenke reduziert und der räumliche Richtungsbezug verdeutlicht. Das Ausmaß der notwendigen Anstrengung zur Wahrung dieses „bewegten Haltens" ist abhängig von der jeweiligen Stellung des Körpers im Raum. Gleichzeitig bewirkt die Atmung mit den Rippen- und Zwerchfellbewegungen ihrerseits eine ständige Schwankung in der Intensität der nötigen Haltearbeit für die Wirbelsäule.

Auswirkungen auf die Dehnfähigkeit

Die Arbeit an der Dehnung, am „Langwerden", steht in der Organgymnastik im Vordergrund. Unter Muskeldehnung wird ganz allgemein die maximale Längenbeanspruchung bestimmter Muskeln verstanden. Der Muskel wird hierbei durch Extremstellungen in dem von ihm überbrückten Gelenk(en) über seine Ruhelänge verlängert. In der

Organgymnastik werden vorwiegend Muskelfunktionsgruppen fortlaufend gedehnt, außer, wenn es sich um pathologische (krankhafte) Muskelverkürzungen handelt. In den beteiligten Gelenken kommt es nur annähernd zu Extremstellungen. Gleichzeitig wird ein Zug im gedachten Verlauf der Längsachsen der Extremitäten und der Wirbelsäule ausgeführt, wie schon bei der statischen Arbeit beschrieben (siehe Übungsbeispiel Abb. 46, Seite 58).

Es wird diejenige Muskulatur angesprochen, die dem Dehnungszug nachgeben soll. Die Lenkung des Bewußtseins (Wahrnehmung) auf die gedehnte Seite, verbunden mit dem oben genannten Längszug, verhindert Fehlbelastungen in den betroffenen Gelenken und schließt das Inanspruchnehmen von Hypermobilitäten aus. Um einen günstigen Dehneffekt auf die Sehnen auszuüben, wird die Dehnung über mehrere Atemzüge hinweg aufrechterhalten bzw. verstärkt. Zugleich bewirken die Atembewegungen, daß die Haltearbeit der Rumpfmuskulatur, falls diese geleistet werden muß, sich im Ausmaß des Atemrhythmus verändert. Dies bedeutet, daß z. B., je nach Stellung des Körpers im Raum, die Einatembewegung die Haltung der Wirbelsäule so unterstützt, daß die Haltearbeit der Rumpfmuskulatur in ihrer Intensität gesenkt werden kann und umgekehrt, daß diese um eine ausgiebige Ausatembewegung zu erlauben, erhöht werden muß. Diese Ausführungen sollen unterstreichen, daß auch in solchen Übungsphasen keine starre Haltearbeit angestrebt wird.

Ebenso strebt diese Art der Dehnung einen Ausgleich der Muskelkraftbeanspruchung an in dem Sinne, daß schwache Abschnitte einer Muskelfunktionsgruppe stärker beansprucht und dafür übermäßig aktive Muskelpartien weniger gefordert werden. Hierbei unterscheiden wir zwischen aktiver und passiver Dehnung. Aktive Dehnung bedeutet Dehnung, verbunden mit dem beschriebenen Längszug unter Einsatz eigener Aktivität (siehe Übungsbeispiel Abb. 144, S. 86). Bei der passiven Dehnung gibt die zu dehnende Muskelgruppe einem körpereigenen Gewicht (Zug oder Druck, auch vom Partner intensiviert) nach (Übungsbeispiel Abb. 142–143, S. 86 bzw. 5–6, S. 44). Die passive Dehnung erfordert die Einstellung und Fähigkeit zur Lösung, da die Wirkung des Gewichtes oder der Partnerhilfe als Dehnfaktor nur dann eintritt, wenn die Dehnung an dem vom Gewicht belasteten Muskel oder der Muskelgruppe spürbar wird.

Dehnung ist nach maximaler konzentrischer oder exzentrischer Arbeit ein und derselben Muskelgruppe oder ihrer Antagonisten (Gegenspieler) leichter, da die Lösungsbereitschaft des vorher aktivierten Muskels größer ist.

Unter konzentrischer Kontraktion ist die Verkürzung eines Muskels während der Zusammenziehung gegen einen Widerstand zu verstehen. Exzentrische Arbeit bedeutet, daß der sich kontrahierende Muskel durch einen Zug oder das Einwirken der Schwerkraft gedehnt wird.

Auswirkungen auf Koordination, Geschicklichkeit und Gewandtheit

Die Effektivität der präzisen Arbeitsweise und Ausführungsgenauigkeit in der Organgymnastik ist in hohem Maße von der Koordination, der Geschicklichkeit und der Gewandtheit abhängig.

Unter Koordination verstehen wir das Zusammenwirken von zentralem Nervensystem und Skelettmuskulatur innerhalb eines gezielten Bewegungsablaufes (HOLLMANN und Mitarbeiter, 1980). Je besser die Qualität der Koordination ist, desto geradliniger, müheloser und präziser wird das Ziel erreicht. Die Bewegungsabläufe werden geschmeidiger und ökonomischer, der Energieaufwand und damit der Sauerstoffbedarf für eine gegebene Beanspruchung nehmen ab.

Unter **Geschicklichkeit** kann man die koordinative Qualität bei feinmotorischen Bewegungen von Teilen des Bewegungsapparates verstehen (HOLLMANN, 1980).

Gewandtheit bedeutet die koordinative Qualität der Gesamtmotorik (HOLLMANN, 1980).

Auswirkungen auf Spannung und Lösung

Das Übungsverfahren in der Organgymnastik orientiert sich am Arbeitsprinzip des Wechsels von Spannung und Lösung (vermehrter und verminderter Muskeltonus), Anstrengung und Erholung. Dabei liegt das Ziel in der Erfahrung der eigenen Möglichkeiten und Bewegungsgrenzen. Sensibles Üben und die richtige Nutzung der Erholungspausen sind dabei von großer Bedeutung. Dieses Arbeitsprinzip liegt der Organgymnastik wie auch der rhythmischen Gymnastik, Lehrweise MEDAU, zugrunde und geht auf das Verständnis der Gymnastik von DALCROZE, KLAGES, BODE und MEDAU zurück. Der Philosoph Ludwig KLAGES hat den Begriff Rhythmus, wie ihn sich die rhythmische Gymnastik zu eigen gemacht hat, definiert als „Rhythmus ist die elementare Gliederung des dynamischen Stromes in Spannung und Lösung". Somit ist Rhythmus die natürliche Gliederung von Bewegungs- oder Funktionsabläufen in wiederkehrende ähnliche Einzelperioden im Unterschied zum Takt, der eine mathematisch rational völlig gleichförmige Aufteilung bedeutet.

Auswirkungen auf die Ausdauer

Innerhalb der Organgymnastik wird von den motorischen Grundbeanspruchungsformen in erster Linie die Flexibilität und die Koordination trainiert. Bei der Arbeitsweise mit überwiegend dynamischer Komponente kann auch die Ausdauerfähigkeit gefördert werden. Von den verschiedenen Arten der Ausdauer ist es die allgemeine aerobe Ausdauer und hierbei wiederum die allgemeine Kurz- und Mittelzeitausdauer auf einem relativ niedrigen Niveau. Bei einer vorwiegend auf den Boden beschränkten eher ruhigen Körperarbeit, wie der Organgymnastik, kann sowohl die Kurzzeitausdauer vom Typ des 3000-m-Laufes und die Mittelzeitausdauer vom Typ des 10 000-m-Laufes mit den hohen Sauerstoffaufnahmewerten als Ausdruck höchster Belastung nicht erreicht werden.

Im Rahmen einer leistungsmedizinischen experimentellen Studie (MEDAU, NOWACKI, DE CASTRO 1982) wurde während eines 37minütigen Organgymnastik-Zyklus die Sauerstoffaufnahme nur um den Faktor 5 des Ausgangswertes gesteigert, was etwa 40% des maximalen Sauerstoffaufnahmevermögens der gleichen Versuchsperson bei einem ergometrischen Test ausmachte. Wenn auch große Muskelgruppen in der Organgymnastik bewegt werden, so ist die Intensität im Sinne einer Ausdauerbelastung meist nicht gegeben. Da jedoch Ausdauerbelastungen wegen der Verbesserung des Herz- und Kreislaufsystems, der Atmung und der Zellanpassung gesundheitlich zu empfehlen sind, sollte die Bewegung von der Organgymnastik in die freie rhythmische Gymnastik mit Ausdauercharakter gefördert werden. Daß diese Forderung durchaus erfüllt werden kann, haben wir an vielen praktischen Beispielen in der täglichen Arbeit und bei verschiedenen Vorführungen beweisen können.

Auswirkungen auf die Beweglichkeit und Dehnung

Die Flexibilität oder Gelenkigkeit wird definiert als der willkürlich mögliche Beanspruchungsbereich in einem oder mehreren Gelenken. Je größer dieser Bereich ausfällt, desto größer ist die Flexibilität. Der Zusatz „willkürlich" ist notwendig, weil unwillkürliche oder passive Bewegungen ein weiteres Bewegungsausmaß aufweisen als willkürliche (HOLLMANN, 1980). Die leistungsbegrenzenden Faktoren für die Flexibilität sind die Gelenkstruktur, der Umfang der Muskelmasse, die Dehnungsfähigkeit des Muskels, die Dehnungsfähigkeit der Sehnen, Bänder und Gelenkkapseln sowie der Haut (HOLLMANN, 1980). Die Strukturen der Gelenke und die einer Bewegung im Wege stehende Muskelmasse sind mechanische, leistungsbegrenzende Faktoren, die nicht beeinflußbar sind. Die anderen genannten Faktoren sind durch entsprechende Übung zu beeinflussen. Ganz allgemein kann zwischen einer statischen und einer dynamischen Flexibilität unterschieden werden. Die statische Flexibilität ist gekennzeichnet durch die Bewegungsweite, die statisch eingenommen werden kann. Die dynamisch erreichbare Bewegungsweite ist größer als die statische. Durch die Organgymnastik wird sowohl die statische wie auch die dynamische Flexibilität in besonderer Weise gefördert.

Das Problem der Hyperflexibilität (Überbeweglichkeit) spielt auch bei der Reizsetzung der Organgymnastik eine Rolle. Eine generalisierte Hypermobilität (Überbeweglichkeit) kann auf einer Bindegewebsschwäche mit hypermobilen Gelenken beruhen. Hier kann eine Kräftigung der Muskeln die Bindegewebsschwäche in geringem Maße kompensieren. Oft sind lokale Gelenkhypermobilitäten Folge spezifischer Übungsprogramme, die bei manchen Sportarten – wie beispielsweise der Rhythmischen Sportgymnastik, beim Ballett usw. – systematisch gefördert werden. Krankhafte Hypermobilität, wie sie beispielsweise bei habituellen Luxationen verschiedener Gelenke gefunden wird, wird durch die Organgymnastik sicherlich verstärkt. In solchen Fällen sollte auf diese Arbeit verzichtet werden.

Die Auswirkungen auf die Körperfunktionen

Auswirkungen auf die Atmung

Der Sinn der äußeren Atmung erfüllt sich im Gasaustausch in der Alveole. Hier kommt es durch physikalische Bedingungen zur Aufnahme von Sauerstoff und zur Abgabe von Kohlendioxyd. Der Raum bis zur Alveole ist der Totraum, der im allgemeinen mit 170 Millilitern angegeben wird. Die Differenz zu einem durchschnittlich normalen Atemzugvolumen in Ruhe von 500 ml entspricht mit 370 ml der alveolären Ventilation, d. h. derjenigen Luftmenge, die für den Gasaustausch zur Verfügung steht. Eine Verbesserung des Gasaustausches findet somit nicht durch eine Erhöhung der Totraumventilation, also nur durch eine Erhöhung der Atemfrequenz statt. Vielmehr muß das Atemzugvolumen durch die „Atemtiefe" gesteigert werden, wenn die alveoläre Ventilation für eine erhöhte Sauerstoffaufnahme und gesteigerte Kohlendioxydabgabe verbessert wird. Somit ist eine Verbesserung der Atmung durch eine Verbesserung der Atemtechnik, d. h. durch vermehrte Exkursion der Atemmuskulatur zu erreichen.

Es ist uns nicht möglich, die ca. 300 Mio. Alveolen in ihrer Anzahl oder Fläche zu vermehren. Die Lunge ist ein passives, elastisches Gewebe, das den Brustraumbewegungen folgt. Normalerweise sind nicht alle Bezirke der Lunge in Ruhelage gleichmäßig durchblutet, weil dies nicht notwendig ist. Die oberen Lungensegmente sind besser durchlüftet als die unteren. Erst unter Belastung findet eine zunehmende Durchblutung und auch Belüftung der Lunge statt. Die Verweildauer des Blutes in der Kapillare der Lungenalveole beträgt in Ruhe 0,7 Sekunden und bei Belastung 0,3 Sekunden. Es findet also nicht nur eine bessere Belüftung von seiten der Alveole bei körperlicher Belastung statt, sondern auch eine Verkürzung der Verweildauer des Blutes in der Alveolkapillare.

Die normale Einatmungsmechanik ist eine kombinierte Bauch- und Brustatmung mit Beteiligung des Zwerchfells als dem größten Atemmuskel sowie den äußeren Zwischenrippenmuskeln. Die Einatmung ist ein aktiver Prozeß, der den Brustraum deutlich vergrößert und damit dafür sorgt, daß die Luft in die Atemwege eingesaugt wird. Die Atemhilfsmuskeln können die Einatmung bei Bedarf unterstützen. Die Ausatmung ist atemmechanisch ein passiver Vorgang.

Das normale Atemminutenvolumen in Ruhe beträgt acht Liter bei einer Atemfrequenz von 16 Atemzügen in der Minute und einem Einzelatemzugvolumen von 500 ml.

MEDAU und NOWACKI haben schon 1978 während elf Atemübungen, die jeweils zwei Minuten durchgeführt wurden mit einer dazwischen liegenden einminütigen Pause, Ventilationsmessungen durchgeführt. Dabei fand sich eine Verbesserung der Ventilation um ein Vierfaches, d. h. es wurden im Vergleich zur Ruhe viermal so hohe Atemminutenvolumina gemessen. Hierbei ist zu bedenken, daß die Organgymnastik eine in Ruhe auf dem Boden durchgeführte, mehr konzentrative und keine leistungssportlich orientierte Bewegungsart darstellt. Es zeigte sich, daß bei den Übungen in erster Linie nicht die Atemfrequenz angehoben wird, sondern vielmehr das Atemzugvolumen. Dies spricht für eine vertiefte, verbesserte Atmung mit größerer Effektivität, d. h. schnellerer Ausscheidung des Kohlendioxyd und gesteigerter Sauerstoffaufnahme, wobei eine vorher eingegangene Sauerstoffschuld bei vorausgegangenen Übungsteilen mit mehr statischem Charakter rascher abgegolten wird. Die Verbesserung im Sinne einer zunehmenden Effektivität ließ sich auch durch die Veränderung des Atemäquivalents während der Messungen dokumentieren. Das Atemäquivalent als ein Maß für die Ökonomie der Atmung gibt als dimensionslose Zahl an, wie viele Milliliter Luft ventiliert werden müssen, um einen Milliliter Sauerstoff aufnehmen zu können. Der Normalwert in Ruhe liegt für untrainierte Männer im Alter um 20 Jahre bei 27,0 + 2,0 (NOWACKI und MELLEROWIEZ 1975). Die Ruheerwartungswerte vor der Organgymnastik wurden mit 31,6 + 4,0 gefunden. Die Übungen mit hoher statischer isometrischer Belastung zeigten eine Verschlechterung der Atemökonomie an, durch den Anstieg des Atemäquivalents, wogegen die mehr dynamischen Übungen einen wesentlich niedrigeren Wert für das Atemäquivalent zeigten, d. h. also eine bessere Atemökonomie.

Besonderer Wert ist bei diesen Übungen auf einen kontinuierlichen Atemfluß zu legen. Jede Art von Preßatmung oder Atemstau ist unbedingt zu vermeiden, um Drucksteigerungen im Brustkorb auszuschließen. Wenn diese Kriterien sorgfältig beachtet werden, kommt es, wie durch Untersuchungen gezeigt werden konnte, zu keiner Überatmung (Hyperventilation).

Auswirkungen auf den Kreislauf

Die gemessenen Herzfrequenzen in dem oben angegebenen Organgymnastik-Zyklus von insgesamt 37 Minuten Dauer zeigten einen durchschnittlichen Anstieg auf 140 Schläge. Diese Pulsfrequenz könnte als eine typische Ausdauerbelastung für das Herz-Kreislauf-System angesehen werden. Im Verlauf dieser zyklischen Übungen zeigen sich wieder deutliche Unterschiede zwischen den Übungen mit mehr statisch-isometrischer Beanspruchung und den mehr dynamischen Formen. Bei Übungen mit mehr statisch-isometrischer Beanspruchung fanden sich geringere Herzschlagfrequenzen als bei den dynamischen Übungen.

Die dazwischen liegenden Pausen dürfen nicht unerwähnt bleiben, denn es fand sich bei allen Herzfrequenzmessungen eine deutliche Pausenwirkung dergestalt, daß zwar der bekannte experimentelle Abfall der Pulsfrequenz nach einer Belastung ebenfalls zu beobachten war, wobei jedoch in der jeweils einminütigen Pause die Herzfrequenzen noch wesentlich über dem Ruheausgangswert lagen.

Der durchschnittliche Anstieg der Sauerstoffaufnahme während der statischen Übungen betrug nur etwas mehr als das Doppelte des Ausgangsruhewertes. Hier war teilweise die Sauerstoffaufnahme während der Pausen höher als während der Belastung. So kann man, wenn auch auf sehr niedrigem Niveau, von einer gewissen Pausenwirkung einer intervallisierenden Belastung im Sinne Reindells sprechen (REINDELL, 1960).

Blutdruckmessungen während der Übungen konnten nicht vorgenommen werden. Alle Messungen vor und nach Belastung, d. h. in der Erholungsphase, lagen im Normbereich. Aus der Literatur (MUKERJE und Mitarbeiter, 1971) ist jedoch bekannt, daß Übungen in umgekehrter Position zu Blutdrucksteigerungen führen können.

Eine zusammenfassende Betrachtung der Atmung und des Kreislaufs ergibt unterschiedliche Steigerungen. Während das Atemminutenvolumen um das Drei- bis Vierfache des Ruheausgangswertes ansteigt, finden wir bei der Sauerstoffaufnahme ein unterschiedliches Verhalten. Für die mehr statischen Übungsteile wurde die Sauerstoffaufnahme um das Zweifache erhöht gemessen, bei den mehr dynamischen Übungen konnten wir Werte, die fünfmal höher waren als der Ruheausgangswert, finden.

Das Verhalten der Herzfrequenz zeigt eine besondere Steigerung, die schon im Durchschnitt aller Übungen bei 67 % des Ausgangswertes lag.

Messungen über eine Leistungssteigerung bei Gruppen, die ausschließlich Organgymnastik als Bewegungsart betrieben, liegen nicht vor. Es ist jedoch durchaus einsehbar, daß diese Art der Bewegung mit großen Anteilen isometrischer und dynamischer Muskelbelastung zu einer Kraftverbesserung führen kann. Insgesamt sollten die dynamischen Elemente der Arbeit zunehmend betont werden, um auch einen Übergang von der Organgymnastik in die freie gymnastische Bewegung zu erreichen. Gerade für ältere Menschen können Übungen mit hoher isometrischer Komponente durch Anstieg des intrathorakalen Druckes problematisch sein.

Schäden bei der Durchführung der Organgymnastik sind uns aus einer 30jährigen Praxis nicht bekannt. Dennoch muß vor Kritiklosigkeit in der Anwendung und Nichtbeachten von Bestehen krankhafter Befunde gewarnt werden. Übungen, die statische Muskelarbeit beinhalten, können zu einer Druckbelastung von Herz und Gefäßen führen, ohne daß dieser Effekt am Herzfrequenzverhalten erkennbar ist. Die Belastung in der Organgymnastik ist nicht allein am Pulsverhalten kontrollierbar. Direkte Blutdruckmessungen in den Gefäßen sind methodisch schwierig und noch nicht durchgeführt. Dennoch wären solche Untersuchungsergebnise für die Zukunft notwendig und für die Einschätzung der Wirkung dieser Arbeit wichtig.

funden. Ebenso konnte gezeigt werden, daß im Test „Verlassenheitsgefühl" gegen „Geborgenheit" die Geborgenheitsgefühle deutlich gesteigert werden konnten. Bei der Prüfung des „gestörten Allgemeinbefindens" gegen „Wohlbefinden" konnte ebenfalls das Wohlbefinden deutlich verbessert werden. Insgesamt ließ sich feststellen, daß für die Organgymnastik ein unmittelbarer positiver Einfluß auf die momentane psycho-emotionale Befindlichkeit nachweisbar ist.

Auf einige zusätzliche Aspekte, die besonders im Bereich der Körper- und Bewegungserfahrung von Bedeutung sein können, wollen wir im folgenden näher eingehen.

Auswirkungen auf die Psyche

Im langjährigen Umgang mit der Organgymnastik hat sich gezeigt, daß sie auch Auswirkungen auf die Psyche hat. Meßbare Werte liegen nicht vor, jedoch haben sich viele Erfahrungen in einem Testverfahren von HERMES und MEDAU 1983 bestätigt. In diesen Untersuchungen konnte gezeigt werden, daß die Organgymnastik auf das psychoemotionale Befinden unmittelbar positive Auswirkungen hat. Diese Effekte waren häufiger und stärker zu beobachten als bei der Durchführung eines Bewegungstrainings. Die Effekte der Organgymnastik weisen in eine Richtung, die von Untersuchungen über verschiedene Formen von Entspannungstechniken, wie z. B. des Autogenen Trainings in der Literatur vielfach beschrieben ist. So fand sich eine Abnahme des Faktors „Ängstlichkeit" in Richtung „freies Befinden". Für die Skala depressive gegen frohe Stimmung wurde eine Veränderung in Richtung „frohe Stimmung" festgestellt. Für die Polaritäten „dynamisches" gegen „erschöpfendes Befinden" fand sich ein Verlauf in Richtung der Dynamik. Ebenfalls fand sich bei der Untersuchung auf Aggression gegen nachgiebige Stimmung eine eindeutige Verschiebung in Richtung letzterer. Auch wurde bei der Prüfung „Gehemmtsein" gegen „Spontanität" eine Steigerung in Richtung Spontanität ge-

Auswirkungen auf die Konzentration

Durch bestimmte Bewegungsaufträge werden die Voraussetzungen geschaffen, um zur Ruhe zu kommen. Daraus ergibt sich eine günstige Ausgangssituation zur Konzentration. Gegenstand der Konzentration ist dabei das Bewegungsgeschehen im eigenen Körper und/oder der Kontakt zu einem Partner. Die Dauer und Intensität der konzentrativen Leistung steigert sich im Laufe der Zeit durch die Hinführung zum selbständigen Arbeiten.

Auswirkungen auf Wahrnehmung und Körperbewußtsein

In diesem Bereich wird ganz besonders die bewegungsbezogene Wahrnehmung angesprochen. Darunter verstehen wir, daß man empfindsamer wird, z. B. für den Atemfluß, für Gewichtserfahrungen, für Lagebeziehungen einzelner Körperteile zueinander sowie im

Raum. In der Arbeit mit einem Partner können diese Erfahrungen vertieft werden.

Die Schulung der bewegungsbezogenen Wahrnehmung führt zu verbessertem Körperbewußtsein, z. B. von Bewegungskontrolle und Dosierung von Spannungsverhältnissen im Körper.

Auswirkungen auf die Entspannung

Über die körperbewußte Entspannung kommt es zur psychischen Entspannung. Diese finden wir bei der Organgymnastik in den individuellen Ruhelagen, die gleichzeitig die Nachatmung einleiten. Die Beschäftigung mit dem eigenen Körper kann Distanz zu Alltagsproblemen schaffen. Dieser Vorgang ist nur auf der Basis der Konzentration möglich.

Zusammenfassend läßt sich sagen, daß die Organgymnastik das Bewegungsverhalten günstig beeinflussen kann. Dies geschieht jedoch nur dann, wenn der Transfer (die Umsetzung) zu anderen Bewegungsformen bewußtgemacht und realisiert wird.

Didaktische Aspekte

Unsere didaktische Betrachtung würden wir gern aus der Sicht des Lehrers beschreiben, da er weitgehend die Verantwortung für alles Geschehen innerhalb eines Unterrichtes der Organgymnastik zu tragen hat. Er muß vorausplanen, durchführen und überprüfen oder Anleitung zur Überprüfung der Ergebnisse geben. Aus dieser Sicht des Lehrers sind die Unterrichtsfaktoren zu betrachten, nämlich die Voraussetzungen der Schüler, die gegebenen Rahmenbedingungen, anzustrebende Ziele, die Thematik und ihre Inhalte sowie die Vermittlung und Möglichkeiten einer Selbstkontrolle.

Befähigung des Lehrers

Erfahrungen und Kenntnisse im Umgang mit der Organgymnastik sind Voraussetzung, um das methodisch-didaktische Vorgehen speziell auf die Gruppensituation einstellen zu können. Grundsätzlich sollte jede Lehrperson über folgende Qualifikationen verfügen:

- Fundierte Kenntnisse der Praxis und Theorie der Organgymnastik.
- Bewegungserfahrung am eigenen Körper.
- Grundkenntnisse der Anatomie, Physiologie, Funktionellen Bewegungslehre.
- Methodisch-didaktische Kenntnisse.
- Fähigkeit der Bewegungsbeobachtung.
- Fähigkeit zur Darlegung von Zielen und dem Sinn ihrer Maßnahmen.
- Phantasie, alternative Übungsmöglichkeiten (in Form von Erleichterung, Anpassung, Erschwerung, Erweiterung, Steigerung) zu finden.
- Klare, deutliche, der Atmosphäre angepaßte Unterrichtssprache.
- Fähigkeit, eindeutige Bewegungsaufträge unter dem Aspekt der bewegungsbezogenen Wahrnehmung zu stellen.
- Durch eigene Demonstrationsfähigkeit die verbalen Instruktionen verdeutlichen können.
- Einfühlungsvermögen in die Atmosphäre der Unterrichtsstunde.

Das alles muß unterbaut sein von didaktischen Kenntnissen, unter denen ein Implikationszusammenhang der Unterrichtsfaktoren hergestellt werden kann. Implikationszusammenhang heißt, daß Ziel, Thematik, Inhalt, Vermittlung und Kontrolle in ihren einzelnen Phasen nur in einer engen Abhängigkeit und ständigen gegenseitigen Beeinflussung gesehen werden können.

Zielgruppen

Bei der Zielgruppe **Laien** sprechen wir von an sich „gesunden" Menschen, die die Organgymnastik als Ausgleich zu ihrer sonstigen Tätigkeit suchen. Richtiges Lösen und Spannen steht bei dieser Zielgruppe im Vordergrund. Dadurch können Verspannungen abgebaut und eine ökonomischere Spannung aufgebaut werden. Der Erholungsfaktor ist dabei von großer Bedeutung. Das entstehende Wohlbefinden kann Motivation sein, selbst weiterzuüben. Bewegungsmöglichkeiten verbessern sich zunehmend und können in Abhängigkeit von der jeweiligen Konstitution weiterentwickelt werden.

Durch die ruhige, auf den eigenen Körper konzentrierte Arbeit wird das Bewußtsein für sensible Bewegungsvorgänge entwickelt.

Die intensive, langzeitige Beschäftigung mit dieser Arbeit hat Auswirkungen auf das Bewegungsverhalten im Alltag und kann vorzeitigen Abbauerscheinungen vorbeugen. Ein typisches Merkmal dieser Laiengruppe ist ihre heterogene Zusammensetzung hinsichtlich Konstitution, Leistungsfähigkeit und Alter.

Bei der Zielgruppe **Patienten** sprechen wir von kranken Menschen, die durch Behandlung ihr gesundes Bewegungsverhalten wiedererlangen sollen. Abgesehen von speziellen Krankheitsbildern, die eine gezielte krankengymnastische Behandlung erforderlich machen, gibt es viele Patienten, die, obwohl sie den akuten Krankheitszustand überwunden, aber noch nicht ihre normale Bewegungsfähigkeit wiedererlangt haben. In dieser Grenzsituation kann ein Therapeut mit gezielt eingesetzter Organgymnastik die noch vorhandenen Bewegungsschwierigkeiten abbauen und die neu erworbenen Bewegungsfähigkeiten einem ganzheitlichen Bewegungsverhalten eingliedern. In der therapeutischen Anwendung mit Coronar-Patienten hat sich die Organgymnastik ebenfalls bewährt. Untersuchungen von HERMES und Mitarbeitern haben ergeben, daß die Organgymnastik ähnlich positiv entspannende Wirkungen wie das Autogene Training haben kann.

Die Gruppe derjenigen, die Organgymnastik lehren wollen, wozu wir auch die **Schüler** unserer Gymnastiklehrer- und Krankengymnastik-Ausbildung zählen, müssen zu qualifizierter Ausbildung umfassende Informationen über das gesamte Arbeitsgebiet der Organgymnastik erhalten; zudem sollen sie die Wirkungsweise dieser Arbeit am eigenen Körper erleben.

Hinzu kommt die Forderung, eigene Übungswege und Kombinationen innerhalb bestimmter Themenstellungen zu finden. Methodisches Vorgehen und Variationsmöglichkeiten im elementaren Bereich werden den Schülern im Hinblick auf ihre spätere Lehrtätigkeit einsichtig gemacht.

Rahmenbedingungen

Für das Gelingen einer Organgymnastikstunde können die Rahmenbedingungen entscheidend sein. Es muß für den Übenden so etwas wie ein Wohlgefühl entstehen können. Im folgenden erläutern wir die einzelnen Bedingungen.

Die Größe der Gruppe

Die Größe der Gruppe sollte dem Unterrichtenden eine individuelle Betreuung des einzelnen ermöglichen.

Das würde bedeuten, daß Anfängergruppen möglichst klein gehalten werden sollten (8–10 Personen), weil dort spezielle Beobachtung und Hilfen von seiten des Lehrers besonders notwendig sind.

Sind die Schüler schon mit den Grundprinzipien der Organgymnastik vertraut, so ist es auch möglich, mit einer größeren Anzahl zu arbeiten (20–30 Personen).

Der Raum

Die räumlichen Bedingungen sind für die Atmosphäre in einer Organgymnastik-Stunde von großer Bedeutung. Um in Ruhe und Konzentration arbeiten zu können, bedarf es gewisser akustischer Abschirmung. Die Relation von Raumdimension und Gruppengröße sollte so sein, daß jedem genügend Bewegungsraum zu allen Seiten zur Verfügung steht, d. h. daß um jede liegende Matte noch etwa ein bis zwei Armlängen Platz ist. Andererseits bietet ein zu großer Raum nicht die erforderliche Geborgenheit zu konzentrierter Arbeit. Die gleiche Ausrichtung der Matten erleichtert dem Unterrichtenden den Überblick.

Als Matten haben sich Rollauflagen für Betten bewährt. Aus hygienischen Gründen empfiehlt es sich, sie mit einem baumwollenen Überzug zu versehen.

Der Boden des Arbeitsraumes sollte vom Material her warm sein (Holz, Teppichboden oder geeignete Kunststoffböden). Bei glattem Boden bieten sich durch das Gleiten der Matten zusätzliche Übungsmöglichkeiten an.

Die Raumtemperatur sollte so sein, daß auch bei entspannenden Übungen niemand friert (Vorschlag: 20–22° C). Da die Organgymnastik intensiv die Atmung anspricht, ist ein gut gelüfteter Raum wichtig. Blendende Lichtquellen sind möglichst zu vermeiden.

Die Kleidung

Ideal ist eine bequeme, möglichst durchgehende Kleidung, die die Bewegung nicht behindert (vorzugsweise Baumwolle).

Um freie Atembewegungen zu ermöglichen, ist darauf zu achten, daß Kleidung nicht einengt oder einschnürt. Bei Neigung zu kalten Füßen sind Socken zu empfehlen.

Die Tageszeit

Die Organgymnastik ist im allgemeinen zu jeder Tageszeit möglich, jedoch sind die körperlichen Voraussetzungen zu verschiedenen Tageszeiten unterschiedlich. Demzufolge ist der Übungsstoff auf diese Situation abzustimmen (z. B. ist intensive Dehnarbeit in früher Morgenstunde selten empfehlenswert. Am Abend werden Übungen, die vor allem Lösung und Entspannung bringen, als besonders angenehm empfunden und können das Einschlafen erleichtern). Es ist zu beachten, daß die Organgymnastik nicht direkt nach dem Essen ausgeführt werden sollte, was wegen der Umverteilung des Blutvolumens zu Unwohlsein führen könnte.

Dauer und Effektivität einer Unterrichtseinheit

Als eigenständige Unterrichtseinheit haben sich 1–1 ½ Stunden bewährt. In Verbindung mit einer vorausgehenden Bewegungsstunde anderer Art sind 20–30 Minuten Organgymnastik effektiv.

Die Konzentrationsfähigkeit ist ein weiterer Faktor, der bei Anfängern und Fortgeschrittenen oder in verschiedenen Altersgruppen die Länge einer Unterrichtseinheit bestimmen kann.

Die Ergebnisse dieser Arbeit sind weitgehend abhängig von der Arbeitsintensität des einzelnen sowie der Gruppe als auch von der Bereitschaft zu selbständig regelmäßigem Üben außerhalb der Unterrichtsstunden.

Unterrichtsfaktoren

Zieldimensionen

Für die Planung des Unterrichts selbst ist zunächst die Wahl der Ziele von entscheidender Bedeutung. Sie ist abhängig von den genannten Voraussetzungen der Schüler und den gegebenen Rahmenbedingungen. Die Ziele für den fachlichen Bereich sind klar definiert: Balance, dorsale Dehnung, ventrale Dehnung, laterale Dehnung.

Im psychischen Bereich werden bewußt keine Ziele formuliert, obwohl Wirkungen zu beobachten sind.

Thematik/Inhalte

Das Thema einer Stunde wird so formuliert, daß es den Zielen zugeordnete Inhalte umschreibt. Aus der Fülle möglicher Themenstellungen soll hier eines beispielhaft angeführt werden:

Ziel – sich in einer Balancesituation ausrichten können.

Thematik – vorgegebene Ausrichtung der Wirbelsäule innerhalb von Balancesituationen.

Inhalte – Balancesituationen in der Seitlage, im Sitz, im Kniestand, im Ballenstand.

Die Inhalte der Organgymnastik werden im Bildteil dieses Buches dargestellt und entsprechend kommentiert! Das Einhalten eines Unterrichtsthemas ist für Lehrer und Schüler für Verständnis und Überprüfung des jeweiligen Lernprozesses von Bedeutung.

Die Vermittlung

Die Vermittlung ist auf zwei Ebenen zu sehen. Einerseits unter dem Gesichtspunkt fachlicher Lernprozesse, andererseits der Atmosphäre, in der solche Lernprozesse sich vollziehen und die im wesentlichen bedingt werden durch die Art der Bezüge zwischen Lehrer und Schülern und den Schülern untereinander.

Der Lernprozeß

Mit dem Verzicht auf das Erreichen von Fertigkeiten in Form von bestimmten Stellungen (HOLLER-VON-DER-TRENCK, 1974), die einen bestimmten Lernprozeß von vornherein kanalisieren, geht es nach unserem Verständnis in der Organgymnastik um den Erwerb von Fähigkeiten, wie sie im Kapitel über „Ziele" benannt werden.

Das Anliegen der Organgymnastik bietet sich in zwei Vermittlungsformen an, einmal

Arbeiten unter Anleitung, zum anderen das selbständige Arbeiten in bezug auf eine Aufgabenstellung. In der Praxis sind beide Verfahren nicht voneinander zu trennen, sondern sie greifen ergänzend ineinander.

Arbeiten unter Anleitung

Die Arbeit unter Anleitung ist erforderlich, sofern die Teilnehmer mit der Organgymnastik nicht vertraut sind oder, wenn neue Inhalte erarbeitet werden. Anweisungen können je nach Thema und Ziel während einer ganzen Unterrichtsstunde notwendig sein.

Die Anleitung betrifft folgende Bereiche:

- Bewegungsabläufe, Ausgleichs- und Ruhelagen instruieren.
- Die Art der Ausführung vorgeben.
- Die Dauer, das Tempo, die Dynamik bestimmen.
- Die Anzahl der Wiederholungen vorschreiben.
- Die Korrekturen anbringen.
- Partnerhilfen einsetzen.

Selbständiges Arbeiten in bezug auf eine Aufgabenstellung

Diese Art der Unterrichtsgestaltung bietet sich an

- in der Vorbereitung der Teilnehmer auf ein bestimmtes Ziel hin,
- um ein bereits bekanntes Thema zu wiederholen und zu erweitern,
- um seine individuellen Fähigkeiten zu schulen und seine Schwächen zu überwinden,
- um sich seinen momentanen Bedürfnissen entsprechend bewegen zu können (z. B. Musik),
- um bei einem festgelegten Thema die Teilnehmer den Weg selbst wählen zu lassen.

Bei dieser selbständigen Unterrichtsgestaltung fällt dem Lehrenden die wichtige Aufgabe der Beobachtung und Korrektur zu.

Die Ziele dieser Arbeitsweise sind

- zu lernen, sich körperlich so zu fordern, daß die eigenen physischen und konzentrativen Fähigkeiten weder über- noch unterschätzt werden;
- zu lernen, sich über die eigene Wahrnehmung in Haltung und Bewegung selbst zu korrigieren;
- zu lernen, Eigeninitiave zu entwickeln.

Die Phasen des selbständigen Arbeitens sollten anfangs nicht zu lange dauern. Mit zunehmendem Wissen kann auch über längere Zeit (10–60 Minuten) selbständig gearbeitet werden, da ein wesentlicher Aspekt der Organgymnastik die Hinführung zu sich selbst und seinem Körper ist. Dazu gehört, daß der einzelne sich nicht durch die Bewegungs- bzw. Erholungsphasen der übrigen Gruppenmitglieder beeinflussen läßt.

Die Unterrichtsatmosphäre

Im Wesen der Organgymnastik liegt die Konzentration auf „sich selbst". Dadurch hat sie einen starken individuellen Charakter, was nicht heißt, daß nicht doch eine Atmosphäre der Gemeinsamkeit, des Sichwohlfühlens in der Gruppe und eines sehr persönlichen Bezuges zum Lehrer notwendig wäre. Insofern sind diese sozialen Bezüge auch hier für den persönlichen Lernprozeß von entscheidender Bedeutung.

In einigen Fällen, bei ganz besonderen Schwierigkeiten, ist jedoch Einzelunterricht anzuraten, damit sich die Hilfe des Lehrers auf diesen Schüler konzentrieren kann.

Gruppenarbeit

In der Arbeit mit einer Gruppe sind meist unterschiedliche Erwartungshaltungen anzutreffen. Diese resultieren einerseits aus der Individualität des Menschen, zum anderen aus seiner momentanen Lebenssituation. Je mehr Unterschiedlichkeiten innerhalb der Gruppe spürbar sind, um so schwieriger ist es für den Unterrichtenden, allen Forderungen gerecht zu werden. Überhöhte Anforderungen an sich selbst und im Gegensatz dazu mangelnde Einsatzbereitschaft sowohl im konzentrativen wie im körperlichen Bereich und die Unfähigkeit, sich mit sich selbst zu beschäftigen, sind einige wichtige Beispiele dieser Problematik. Dies zeigt andererseits die Wichtigkeit der Gruppenarbeit in bezug auf den Abbau solcher Extreme und die Hinführung zum sensiblen Umgang mit sich selbst und den anderen.

Aus diesem Grunde sollte auch vermieden werden, Leistungen miteinander zu vergleichen. Ein Ziel der Gruppenarbeit sollte sein, das Verständnis für die besondere Bewegungssituation des anderen zu entwickeln.

Partnerarbeit

Der Weg zum besseren Verständnis der Bewegungssituation des anderen führt am besten über die Partnerarbeit. Eine wichtige Voraussetzung zur Partnerarbeit ist Erfahrung im sensiblen Umgang mit sich selbst. Dadurch ist das Sichhineinversetzen in die Bewegungssituation des anderen möglich. Nur so kann durch die Einstellung auf die Bewegung des Partners eine wirksame Hilfe gegeben werden.

Partnerarbeit in der Organgymnastik wird unter folgenden Aspekten angewandt:

- Unterstützung einer Dehnung.
- Richtungsbezug (verbal/manuell).
- Widerstand.
- Verbesserung der Lösung.
- Gezielte Mobilisation über Handkontakt.
- Ausgleich konstitutioneller Probleme oder muskulärer Schwächen.
- Homogenität in einem partnerabhängigen Bewegungsablauf.

Unterrichtsstruktur

Der Rahmen, in den jede Methode eingeht, ist die Unterrichtsstruktur. Sie ist abhängig von Ziel und Thema, kann nicht grundsätzlich festgelegt werden, sondern muß immer die Möglichkeit der Variabilität enthalten. Trotzdem ist zu sagen, daß Unterricht in bestimmten Phasen verläuft, die am besten neutral besehen als Einstimmungsphase, Phase der thematischen Bearbeitung und Phase des Ausklingens zu kennzeichnen sind.

Einstimmungsphase

Die Einstimmungsphase soll den Abstand zwischen den vorausgegangenen individuellen Aktivitäten und der Stunde schaffen. Sie soll die Aufmerksamkeit auf den Körper lenken, motivieren, Verspannungen lösen, die Muskulatur durch vorsichtig eingesetzte Aktivität auf spezielle Forderungen der Stunde einstellen.

Die Dauer der Einstimmungsphase ist abhängig von der momentanen psycho-physischen Verfassung der Teilnehmer und dem jeweiligen Thema der Stunde. Der Lehrer erfaßt über die Beobachtung, wann die Gruppe bereit ist, in die Stundenthematik einzusteigen.

Thematische Bearbeitung

Die Wahl des Arbeitsverfahrens richtet sich nach der Thematik der Stunde und dem Können der Teilnehmer. Die Belastungsfähigkeit im körperlichen und konzentrativen Bereich ist maßgebend für die Dauer, während der an einem Thema gearbeitet werden kann. Erfahrungsgemäß können ein bis zwei Themen in einer Unterrichtseinheit bearbeitet werden. Methodisch geschickt ist eine Ergänzung oder Verbindung beider Themen. Zu beachten ist, daß Übergänge von einem Bewegungsablauf zum anderen, wie auch von einem Thema zum anderen, fließend gestaltet werden. Mit Bewegungsfluß soll Atemfluß verbunden sein! Nahtlose Übergänge sind nicht nur im Bereich direkter Bewegungsverbindungen wichtig, sondern auch, um Ruhepausen einzuleiten bzw. aufzulösen.

Die Ruhepausen dienen der Nachatmung, wie auch dem Nachspüren vorangegangener Bewegungserlebnisse. Letztere können vom Lehrenden in besonderer Weise angesprochen werden, um sie bewußtzumachen. Die Länge der Ruhepausen ist sowohl abhängig vom Grad vorangegangener Anstrengungen als auch von der Fähigkeit, sich zu lösen. Um die Dauer der Ruhepausen einschätzen zu können, orientiert sich der Lehrer am Verhalten der Teilnehmer, z.B. an der Beruhigung des Atems.

Es hat sich bewährt, z.B. nach körperlichen Anstrengungen eine Übungsauswahl mit eher entspannender und aufbauender Wirkung zu treffen. Letztere bezieht sich auf

Konzentration, dosierten Krafteinsatz und Spannung, womit sich die Bereitschaft zu neuer Aktivität entwickelt. Wird dies erreicht, fühlt sich die Gruppe wohl und ist erfrischt.

Auch nach psychischen Belastungen hat dieses Vorgehen eine wohltuende Wirkung.

Nach geistigen Beanspruchungen sollte eine höhere körperliche Forderung den Beginn der Stunde bilden. Allmählich wird dann zur Konzentration auf den eigenen Körper hingeführt. Auch bei unterschiedlichen Inhalten sollte immer eine wohltuende und erfrischende Wirkung auf den einzelnen erzielt werden.

Ausklang

In diesem Teil der Stunde muß der Übergang zum täglichen Leben wieder geschaffen werden. Praktisch gesehen heißt das, Beruhigung nach stark fordernder Bewegungsarbeit bzw. Spannen und Bewegen nach ruhiger, meditativ orientierter Arbeit.

Allgemeine Unterrichtsgrundsätze

Zur praktischen Durchführung der Organgymnastik gehören einige allgemein verbindliche Verfahrensweisen, die hier im einzelnen angesprochen und in den entsprechenden Situationen beachtet werden sollen.

Zu Beginn wird die Muskulatur mit allgemeinem Rekeln und/oder beliebigem leichten Dehnen erwärmt, ohne sie zu ermüden. Es wird immer in einem gleichmäßigen Wechsel der Seiten gearbeitet.

Die Ausgangssituation der Bewegungsabläufe soll den individuellen, konstitutionell bedingten Gegebenheiten des Übenden angepaßt sein. Solche Anpassung kann durch verschiedene Hilfsmittel geschehen, z. B. Unterlagerungen im Sitz – bei Sitzkyphose bzw. Bewegungseinschränkung im Hüftgelenk entweder Sitzerhöhung durch Einrollen der Matte etc. oder Gebrauch von Sitzgelegenheiten, wie z. B. Stuhl (je größer die Einschränkung, desto höher der Sitz).

Dasselbe gilt für jede andere Bewegungseinschränkung, die sich in den Ausgangssituationen zeigt. Voraussetzung dafür ist die Kenntnis entsprechender körperlicher Veränderungen. Das Sehen bzw. Erspüren individueller Schwierigkeiten ermöglicht die Vermeidung von Fehlbelastungen durch gezielte Anpassungshilfen.

Beim Üben wird das Prinzip eines dynamischen Wechsels verfolgt. Sehr aktive Übungsphasen werden durch ruhige ausgleichende abgelöst. Ausgleich bedeutet, daß beanspruchte Muskeln und Gelenke entlastet werden. In Ruhelagen soll ein wirkliches Ausruhen möglich sein, d. h. jeder Übende muß eine ihm bequeme Lage suchen, was die Bereitschaft des In-sich-hinein-Spürens erfordert. Durch eine vorangegangene Dehnung wird die Lösungsbereitschaft des Muskels begünstigt, was dann in einer Ruhelage zur Auswirkung kommen kann. Es gibt jedoch auch Lagen, in denen das Körpergewicht Dehnung in einem bestimmten muskulären Bereich hervorruft. Diese sind zum Teil als Ausgleich angenehm, jedoch nicht als Ruhelage geeignet.

Die Bedeutung der Organgymnastik für das gesamte Bewegungsverhalten

Im Anfang dieses Buches haben wir die Organgymnastik als eine Basisarbeit für die MEDAU-Gymnastik bezeichnet. Wir glauben, das erweitern zu können, und stellen die Hypothese auf, daß die Organgymnastik eine Grundlage ökonomischen und qualitativ guten Bewegungsverhaltens bildet.

Das Bewegungsverhalten wird durch die Organgymnastik in folgenden Bereichen günstig beeinflußt:

- Bessere Dehnfähigkeit/Beweglichkeit, Gewandtheit, Kraftentwicklung in der Bewegung.
- Besseres Körperbewußtsein in Bewegung und Haltung.
- Bewegungsökonomie.
- Kontrolle im Umgang mit körpereigenen Gewichten.

- Angemessene Verbesserung körperlicher Schwächen, um Fehlbelastungen zu vermeiden.
- Besseres Durchhaltevermögen.
- An die Bewegungssituation angepaßte Atemweise.
- Erholungsmöglichkeiten/Entspannungsfähigkeit, z. B. auch als Einschlafhilfe.
- Sensibilisierung im kommunikativen Bereich.
- Besserung des Wohlbefindens.

Darüber hinaus sind für die Gymnastik im besonderen Maße bedeutsam:

- Beweglichkeitszunahme, Gewinn von Geschmeidigkeit und Gewandtheit, Bewegungsfluß, Bewegungsvorausnahme.
- Kraftzuwachs.
- Richtungsgefühl.

Für den Sport ist die trainierte ökonomischere Atmung von großer Bedeutung. Die Erholungsfähigkeit wird durch eine schnellere ökonomischere Abgeltung der Sauerstoffschuld gesteigert.

Gliederung des Stoffgebietes

Das Stoffgebiet wurde nach folgenden Zielsetzungen gegliedert:

- Balance.
- Dorsale Dehnung.
- Rollen.
- Radfahren.
- Ventrale Dehnung.
- Laterale Dehnung (Flankendehnung, Verwringung).
- Entspannung.

Diese Einteilung richtet sich nach dem Schwerpunktziel der Bewegungsabläufe und dient einer klaren Übersicht. Die dargestellten Übungsbeispiele sind eine Auswahl, um die jeweiligen Ziele zu konkretisieren.

Einige Begriffe werden wiederholt verwendet:

Längszug: Damit ist ein aktives „Voneinanderwegstreben" zweier oder mehrerer Punkte am Körper gemeint. Einerseits soll sich dieses „Auseinanderziehen" entlastend auf die dazwischen liegenden Gelenke auswirken, andererseits den Richtungsbezug des Körpers im Raum verdeutlichen. Der Zug geht meist von gut wahrnehmbaren Punkten aus, wie z. B. Ferse, Handwurzel, Fingerspitzen, Scheitelpunkt, Sitzbeinhöcker etc. (siehe auch Seite 16).

Körperdiagonalen: Sie sind vorgestellte Verbindungslinien von Hüft- und kontralateralem (schräg gegenüber liegendem) Schultergelenk. Der Grund, warum die Extremitäten in den Bewegungsabläufen oft in die Körperdiagonalen oder die entsprechenden Parallelen eingeordnet werden, liegt in der mehrheitlich spiralförmigen und diagonalen Anordnung der Muskulatur. Sowohl Dehnung als auch Kraftentfaltung sollen dadurch umfassender werden (KNOTT, VOSS, 1970).

Einordnung: Sie bedeutet das Einhalten bestimmter Ausrichtung von Körperabschnitten oder des ganzen Körpers im Raum, wodurch in den beteiligten Gelenken Endstellungen vermieden werden. Sehr oft ist das Einordnen der Körperabschnitte Becken, Brustkorb und Kopf verlangt. Damit soll die gelenkmäßige und muskuläre Beanspruchung in Haltung und Bewegung auf die ganze Wirbelsäule und Rumpfmuskulatur verteilt werden. Die Einordnung der Arme bezieht immer den Schultergürtel mit ein.

Stand: In der Ausgangsposition – Stand – ist auf eine richtige Ausrichtung der Beingelenke (Fuß – Knie – Hüfte) zu achten. Dadurch wird eine Fehlbelastung der Gelenke, insbesondere der Füße und Knie vermieden.

Der Bildtext beschreibt die Ausgangsstellung (AS), den Bewegungsablauf (BA), mögliche Varianten und wesentliche Ausführungskriterien (AK). Die allgemeinen Ausführungskriterien, wie die Ausführung der Dehnung, die weiterfließende Atmung, die Konzentration auf das Bewegungsgeschehen im eigenen Körper, der Richtungsbezug (vergleiche die Kapitel auf den Seiten 27 und 33) sind bestimmend für **jeden** Bewegungsablauf.

Abkürzungen:

AS = Ausgangsstellung
BA = Bewegungsablauf
AK = Ausführungskriterien

Abb. 1

AS: Seitenlage, Arme und Beine in Verlängerung der Wirbelsäule, Hände gefaßt, Füße aufeinanderliegend.

BA: Ausbalancieren bei gleichzeitigem Längszug.

AK: Einordnung von Becken, Brustkorb und Kopf in die Ebene des Längszuges.

Abb. 2

AS: Siehe Abb. 1, oberer Arm stützbereit vor dem Brustkorb.

BA: Stützen bei gleichzeitigem Längszug mit leichtem Anheben der Beine.

AK: Der Kopf liegt auf dem Arm. Einordnung von Becken, Brustkorb und Kopf in die Ebene des Längszuges (Leiste gestreckt).

Abb. 3

AS: Siehe Abb. 1, unteres Bein angebeugt.

BA: Oberes Bein, Arme und Kopf unter Längszug anheben.

AK: Einordnung von Becken, Brustkorb und Kopf in die Ebene des Längszuges (Leiste des oberen Beines gestreckt).

Abb. 4

AS: Siehe Abb. 1, Partner faßt die aufeinanderliegenden Füße.

BA: Partner hebt bei gleichzeitiger Unterstützung des Längszuges die Beine des Liegenden.

AK: Einordnung von Becken, Brustkorb und Kopf in die Ebene des Längszuges.

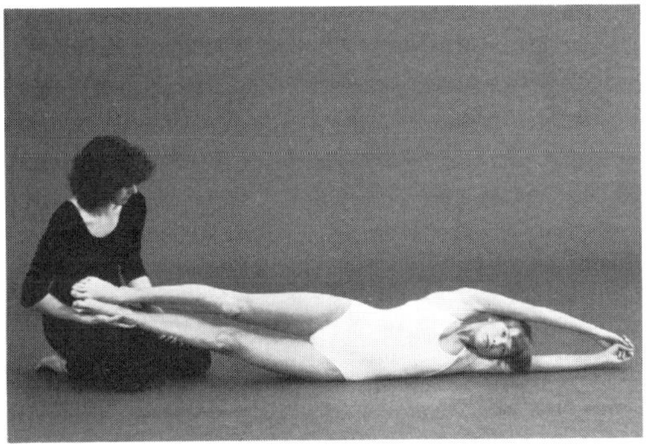

Abb. 5

AS: Siehe Abb. 1, Partner faßt je eine Hand.

BA: Partner hebt bei gleichzeitiger Unterstützung des Längszuges die Arme des Liegenden.

AK: Siehe Abb. 4.

Abb. 6

AS: Siehe Abb. 1, ein Partner faßt je einen Arm, und ein Partner faßt die aufeinanderliegenden Füße.

BA: Partner heben Arme und Beine des Liegenden bei gleichzeitiger Unterstützung des Längszuges.

AK: Partner müssen zeitlich und richtungsmäßig aufeinander abgestimmt arbeiten.

Abb. 7

AS: Aufrechter Sitz, Füße hüftbreit aufgestellt, jedes Knie von einer Hand umfaßt.

BA: Leichte Rücklage bei gleichzeitigem Abheben der Füße vom Boden.

AK: Längszug von der Sitzfläche bis zum Scheitel, Lösungsbereitschaft im Schultergürtel.

Varianten zur AS:

Hände fassen unter den Oberschenkeln.

Hände fassen von außen um die Fußgelenke.

Hände fassen um die Vorfüße, Fußsohlen aneinandergelegt, Knie nach außen.

Hände fassen von innen um die Unterschenkel, Knie nach außen.

Hände fassen von innen um die Fersen.

Abb. 8

AS: Siehe BA von Abb. 7.

BA: Gewichtsverlagerung auf rechte bzw. linke Gesäßhälfte.

AK: Brustkorb und Kopf bleiben übereinander. Lendenwirbelsäule bleibt aufgerichtet. Gewichtsverlagerung erfolgt in kontrolliertem Tempo.

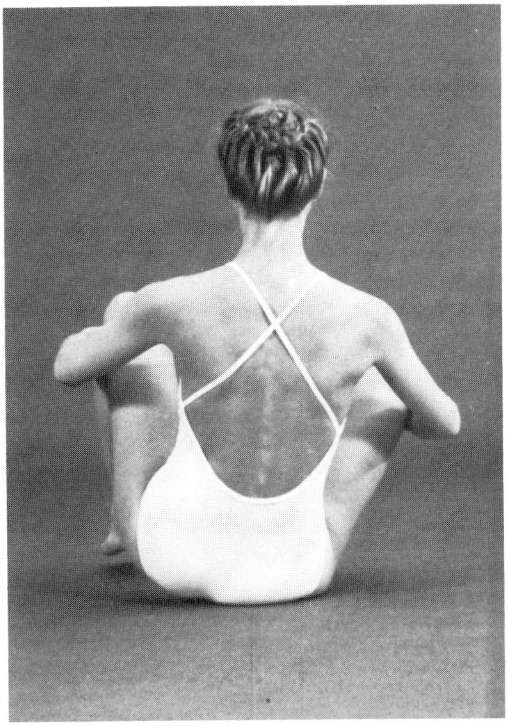

Abb. 9

AS: Siehe Abb. 8, eine Hand oder beide Hände umfassen einen Unterschenkel.

BA: Das freie Bein wird lang nach vorn weggeschoben, von der Ferse ausgehend (angewinkelter Fuß).

AK: Siehe Abb. 7.

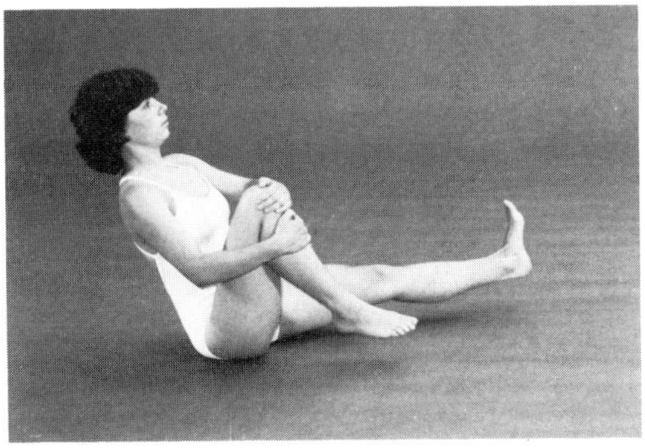

Abb. 10

AS: Siehe Abb. 9, Hände hinter dem Kopf verschränkt.

BA: Ein Bein wird lang nach vorn bzw. seitlich weggeschoben, das andere bleibt angebeugt.

AK: Siehe Abb. 7.

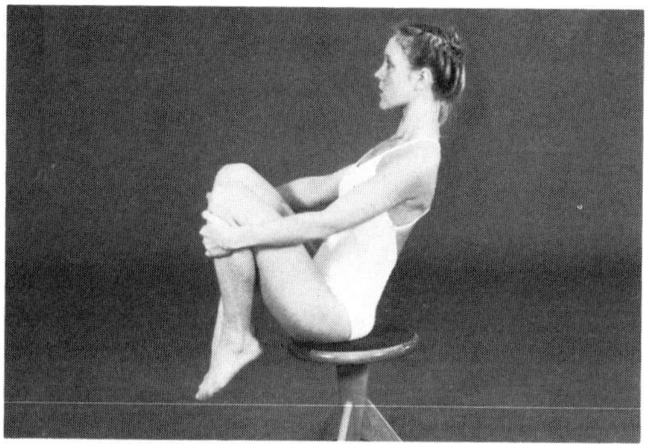

Abb. 11

AS: Siehe Abb. 7, mit Hocker.

BA: Siehe Abb. 7.

AK: Siehe Abb. 7.

Abb. 12

AS: Siehe Abb. 10, Hände fassen von innen um die Fußsohlen.

BA: Siehe Abb. 10.

AK: Siehe Abb. 10.

Abb. 13

AS: Siehe Abb. 12.

BA: Beide Fersen schieben gegen den Widerstand der Hände nach schräg außen.

AK: Die Beine dürfen nur so weit gestreckt werden, daß sich die Stellung von Wirbelsäule und Kopf in sich nicht verändert.

Abb. 14

AS: Aufrechter Grätschsitz, Hände fassen an Innenseite der Oberschenkel.

BA: Gewichtsverlagerung auf rechte Gesäßhälfte und rechtes Bein.

AK: Siehe Abb. 8.

Varianten zur AS:

Hände fassen an die Innenseite der Unterschenkel.

Hände fassen an die Innenseite der Fußgelenke.

Hände fassen an die Innenseite der Fersen.

Abb. 15

AS: Siehe Abb. 7, ohne Handfassung.

BA: Fersen schräg nach außen herausschieben, Handwurzel in Verlängerung des Rückens nach oben schieben.

AK: Beine nur so weit strecken, daß sich die Stellung von Rücken und Kopf nicht verändert.

Varianten zum BA:
Arme in Schulterhöhe seitlich schieben.
Arme in Schulterhöhe nach vorn.
Arme schräg nach unten.

Abb. 16

AS: Unterschenkelstand, Hände vorn aufgestützt, Rücken und Kopf horizontal, Oberschenkel vertikal.

BA: Linken Arm anheben, in Verlängerung des Rückens lang nach vorn herausschieben.

AK: Einordnung von Becken, Brustkorb und Kopf.

Abb. 17

AS: Siehe Abb. 16.

BA: Ein Bein wird lang nach hinten in Verlängerung des Rückens herausgeschoben, von der Fußspitze bzw. Ferse ausgehend.

AK: Siehe Abb. 16.

Abb. 18

AS: Siehe Abb. 16.

BA: Linkes Bein und rechten Arm anheben, Längszug ausgehend von Fuß- und Fingerspitzen bzw. Ferse und Handwurzel.

AK: Siehe Abb. 16.

Abb. 19

Variante zu Abb. 18:

Beide Arme lang nach hinten, Balance auf dem rechten Unterschenkel.

Abb. 20

Variante zu Abb. 16:

Beide Arme lang nach hinten, Füße abheben, Balance auf beiden Knien.

Abb. 21

AS: Halbkniestand, Arme in Schulterhöhe seitlich, rechter Fuß vorn aufgestellt.

BA: Gewichtsverlagerung auf linkes Knie, Abheben des rechten Fußes.

AK: Einordnung von Becken, Brustkorb und Kopf in der Senkrechten. Balance auf dem linken Unterschenkel.

Abb. 22

AS: ½ Unterschenkellage, Oberkörper auf Oberschenkel, Arme seitlich neben dem Körper.

BA: Anheben von Kopf und Schultergürtel bis in die Horizontale, linkes Bein und beide Arme lang nach hinten schieben.

AK: Längszug bei Einordnung von Becken, Brustkorb und Kopf in der Horizontalen.

Abb. 23

Variante zu Abb. 22:

Arme nach vorn in Verlängerung der Wirbelsäule.

Abb. 24

AS: Siehe Abb. 22.

BA: Rechtes Bein in der Körperdiagonalen lang am Boden nach schräg hinten innen schieben, beide Arme in den Körperdiagonalen auf dem Boden lang nach vorn außen schieben.

AK: Oberkörper und Kopf in Kontakt mit Oberschenkel. Leicht gerundeter Rücken.

Abb. 25

AS: Unterschenkelsitz, linker Fuß vorn aufgestellt, Arme in den Körperdiagonalen schräg nach oben.

BA: Oberkörper schräg nach vorn neigen, Gewichtsverlagerung auf den vorderen Fuß, Arme schieben in die Körperdiagonalen.

AK: Längszug bei Einordnung von hinterem Oberschenkel, Becken, Brustkorb und Kopf in einer Linie.

Abb. 26

Siehe Abb. 25, mit Partnerhilfe.

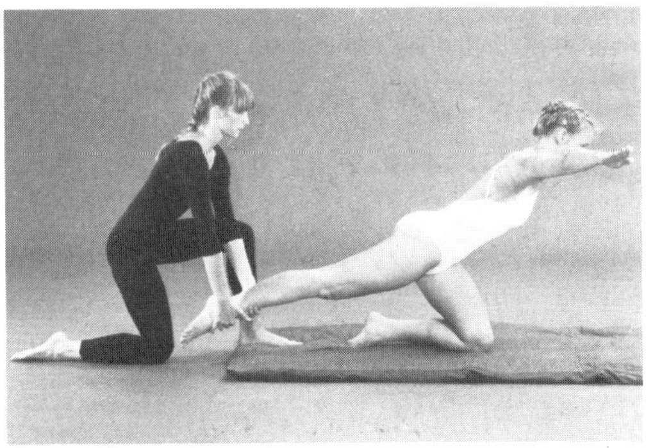

Abb. 27

AS: Siehe Abb. 25, Arme lang neben dem Körper.

BA: Oberkörper schräg nach vorn neigen, Gewichtsverlagerung auf den vorderen Fuß durch Abdruck vom hinteren Vorfuß mit Streckung des Beines, Fingerspitzen ziehen parallel zum Körper fußwärts.

AK: Längszug bei Einordnung vom hinteren Bein, Becken, Brustkorb und Kopf in einer Linie.

Abb. 28

AS: Einbeinstand, aufrecht, Arme seitlich des Körpers nach unten.

BA: Spielbein gestreckt nach hinten, mit Bodenkontakt. Nachgeben im Standbeinknie.

AK: Siehe Abb. 27.

Abb. 29

AS: Siehe Abb. 27.

BA: Vorderen Fuß vorschieben mit zunehmender Streckung des Beines, Fingerspitzen ziehen parallel zum Körper fußwärts.

AK: Siehe Abb. 27, Knie-Rist-Kontakt des hinteren Beines zum Boden bleiben unverändert.

Variante:

Vorderen Fuß anwinkeln, Arme in Körperdiagonalen.

Abb. 30

AS: Rückenlage.

BA: Hochrollen in den Schulterstand bei gleichzeitigem Abstützen des Rückens, Beine gestreckt, Füße angewinkelt.

AK: Ausrichtung des Rückens in einer Geraden. Die Winkel müssen so aufgestellt sein, daß die Last gleichmäßig auf Schultern und Arme verteilt ist.

Abb. 31

AS: Rückenlage.

BA: Siehe Abb. 30.

AK: Vertikale Ausrichtung von Rumpf und Beinen im Raum.

Abb. 32

Siehe Abb. 31, mit Partnerhilfe. Handstütz entfällt, Hände hinter dem Rücken gefaßt, Arme gestreckt.

Abb. 33

Variante zu Abb. 31:

Fußsohlen aneinandergelegt, Knie gebeugt und breit.

Varianten:

Mit seitlichem Kippen des Beckens.

Mit Drehen des Beckens.

Abb. 34

AS: Rückenlage.

BA: Siehe Abb. 31, Drehen des Beckens bei langen Beinen.

AK: Siehe Abb. 31.

Variante:

Mit gegrätschten Beinen.

Abb. 35

Variante zu Abb. 34:

BA: Becken drehen, Beine anbeugen (Füße lang), Becken zur anderen Seite drehen, Beine wieder strecken (Füße anwinkeln).

Abb. 36

Variante zu Abb. 31:

Symmetrisch gegrätschte Radfahrbewegung seitlich.

Mit Innen- und Außenrotation der Beine (Beugung mit Innenrotation, Streckung mit Außenrotation).

Mit Drehung des Beckens.

Das gleiche asymmetrisch (kanonischer Bewegungseinsatz der Beine).

Abb. 37

Siehe Abb. 31. Radfahrbewegungen siehe Beschreibung Abb. 101.

Abb. 38

AS: Rückenlage.

BA: Hochrollen zum Schulterstand, Hände hinter dem Rücken gefaßt, Arme lang, Oberschenkel und Füße horizontal, Unterschenkel vertikal.

AK: Rechtwinkelstellung, Kopf und Arme zu Rumpf, Oberschenkel zu Rumpf, Unterschenkel zu Oberschenkel, Füße zu Unterschenkel.

Abb. 39

AS: Stand, Arme seitlich des Körpers.

BA: Gewichtsverlagerung auf das rechte Bein. Anheben des linken Beines mit gebeugtem Knie.

AK: Aktionsbereitschaft in allen Gelenken.

Abb. 40

AS: Einbeinstand, Arme seitlich des Körpers.

BA: Rückbewegung des gestreckten Spielbeines bei gleichzeitigem Vorneigen des Körpers, Fingerspitzen ziehen parallel zum Körper fußwärts.

AK: Längszug bei Einordnung von Spielbein, Becken, Brustkorb und Kopf in einer Linie.

Abb. 41

AS: Stand, Arme in Ellenbogenfassung in Schulterhöhe vorn.

BA: Langsames Heruntersetzen in Richtung Hocke.

AK: Becken, Brustkorb und Kopf in einer Geraden, Fersen behalten Bodenkontakt.

Abb. 42

AS: Einbeinstand links.

BA: Vor dem Körper mit dem linken Arm das angebeugte Spielbein in Höhe des Fußgelenkes fassen. Den rechten Arm in Verlängerung des Körpers lang herausziehen.

AK: Rücken lang ausgerichtet.

Abb. 43

AS: Stand, Arme in Verlängerung des Körpers nach oben.

BA: Gewichtsverlagerung auf die Fußballen, Fingerspitzen ziehen nach oben.

AK: Einordnung sämtlicher Gelenke übereinander.

Abb. 44

AS: Hüftbreiter Ballenstand, Arme in Verlängerung des Körpers nach oben.

BA: Langsames Heruntersetzen in Richtung Hocke, Fingerspitzen ziehen nach oben.

AK: Längszug bei Einordnung von Becken, Brustkorb und Kopf in einer Linie.

Varianten:

Ellbogenfassung über dem Kopf.

Ellbogenfassung vor den Schultern.

Arme parallel zum Körper nach unten.

Arme auf den Oberschenkeln abstützen bei Vorneigung des Rückens.

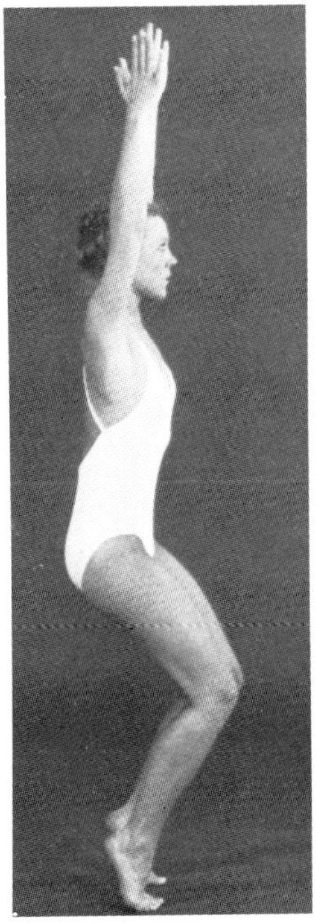

Abb. 45

Variante zu Abb. 44:

AS: Schrittstellung.

Balance

Abb. 46a und b

AS: Etwas mehr als hüftbreiter Stand, Füße leicht ausgedreht, Arme seitlich des Körpers.

BA: Ausrichtung der Handflächen nach vorn, Arme gestreckt seitlich anheben bis etwa in Schulterhöhe. Einrollen der Arme (unter Längszug) bis die Handflächen nach hinten zeigen bei gleichzeitigem Verlagern des Gewichts auf den Vorfuß (Fersen lösen sich vom Boden ab).

AK: Höhe der Arme ist abhängig von der Drehfähigkeit im Schultergelenk. Einordnung sämtlicher Gelenke übereinander.

Abb. 47

AS: Sitz, Füße hüftbreit parallel vor dem Becken aufgestellt, Hände umfassen die Unterschenkel von außen.

BA: Langsames Vorrutschen der Füße bei bleibendem Kontakt des Oberkörpers mit den Oberschenkeln.

AK: Becken, Brustkorb und Kopf unter Längszug in einer geraden Linie.

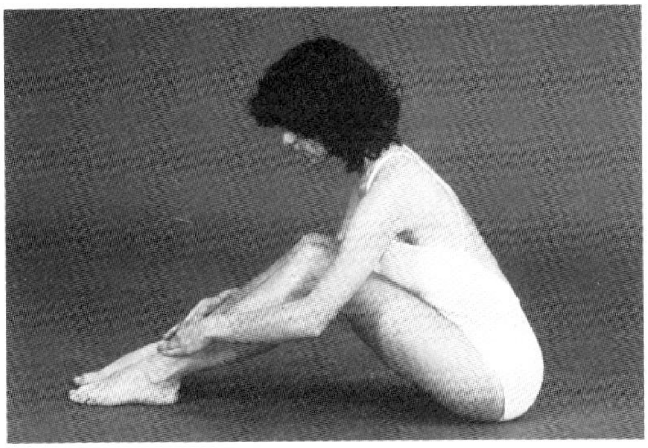

Abb. 48

AS: Schneidersitz, Ellbogenfassung vor den Schultern.

BA: Vorneigung vom Becken her.

AK: Siehe Abb. 47.

Armvarianten:

Arme in Verlängerung des Körpers nach oben.

Hände stützen seitlich neben oder hinter dem Becken am Boden.

Hände auf den Knien (Schultern bleiben unten) oder Unterarme hängen über den Knien nach unten.

Variante mit Partner:

Fassung an den Ellbogen von vorn.

Abb. 49

AS: Langsitz, Arme in Verlängerung des Rückens nach oben, Füße angewinkelt.

BA: Fersen schieben nach vorn. Kopf und Arme schieben in Verlängerung des Rückens nach oben.

AK: Siehe Abb. 47, rechter Winkel im Hüftgelenk, Sitzkontakt zum Boden.

Varianten:

Lange Arme, Hände angewinkelt, Fingerspitzen zueinander gewendet, Handflächen nach oben.

Ellbogenfassung oben.

Ellbogenfassung vor den Schultern.

Hände stützen seitlich neben dem Becken.

Hände stützen hinter dem Becken.

Mit gegrätschten Beinen, wobei der lange Rücken vorgeneigt wird.

Dorsale Dehnung

Abb. 50

Siehe Abb. 49, im Grätschsitz mit Partnerhilfe.

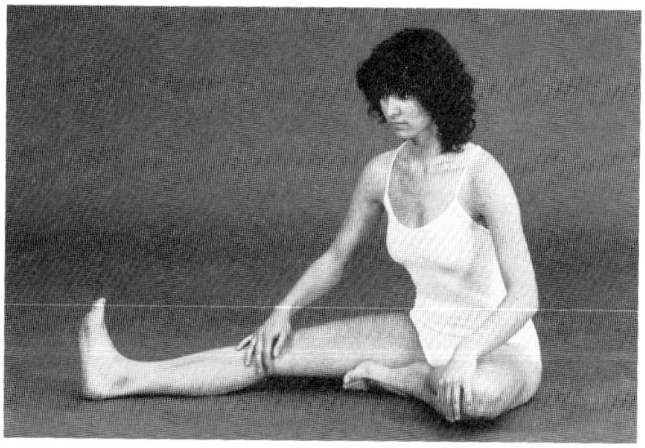

Abb. 51

AS: Einbeinig angewinkelter Grätschsitz, Hände auf den Beinen.

BA: Kopf in Verlängerung nach oben schieben, von der Ferse nach außen schieben.

AK: Siehe Abb. 47, Knie des angewinkelten Beines sollte aufliegen.

Varianten:

Siehe Abb. 49.

Abb. 52

AS: Unterschenkellage, Beine hüftbreit, Füße lang, Hände unter der Stirn.

BA: Siehe AS.

AK: Möglichst entspannt liegen.

Varianten:

Abb. 53

Arme in Verlängerung des Körpers entspannt nach vorn legen.

Abb. 54

Arme lang entspannt neben dem Körper nach hinten legen.

Abb. 55

AS: Siehe Abb. 52, Unterarme in Stützbereitschaft vorn.

BA: Horizontale Ausrichtung von Becken, Brustkorb und Kopf.

AK: Einordnung von Becken, Brustkorb und Kopf. Unter Längszug, je nach Oberarmlänge auf die Hände stützen.

Abb. 56

AS: Siehe Abb. 54.

BA: Siehe Abb. 55, Fingerspitzen ziehen mit langen Armen parallel zum Körper fußwärts.

AK: Siehe Abb. 55.

Dorsale Dehnung

Abb. 57

AS: Siehe Abb. 54.

BA: Hände hinter dem Rücken falten und die gestreckten Arme in die Vertikale heben. Unter vertikaler Einstellung der Arme Auf- und Abbewegen des Rumpfes.

AK: Die mögliche Aufwärtsbewegung des Rumpfes ist abhängig vom Beibehalten der vertikalen Einstellung der Arme, Becken, Brustkorb und Kopf bilden eine bogenförmige Linie.

Abb. 58

AS: Rückenlage, Arme neben dem Körper.

BA: Handflächenkontakt zum Boden, Hochrutschen der Arme bis über Schulterhöhe (evtl. bis in Körperdiagonale), Beine anziehen, Fußsohlen möglichst senkrecht nach oben schieben.

AK: Vollständiger Kontakt des Rückens zum Boden. Rechter Winkel im Hüft- und Fußgelenk. Langziehen des Nackens und der Arme über den Mittelfinger hinaus.

Variante:

Partnerhilfe durch Widerstand von oben gegen die Fußsohlen.

Abb. 59

AS: Rückenlage, Arme in Schulterhöhe, Füße hinter dem Becken aufgestellt.

BA: Ein Bein anziehen, Fußsohle senkrecht nach oben schieben.

AK: Siehe Abb. 58.

Abb. 60

AS: Rückenlage, Arme in Schulterhöhe.

BA: Ein Bein anziehen, Fußsohle möglichst senkrecht nach oben schieben bei gleichzeitigem Herausschieben des liegenden Beines durch Anwinkeln des Fußes.

AK: Siehe Abb. 58.

Abb. 61

AS: Rückenlage, Hände unter dem Kopf, Füße hinter dem Becken aufgestellt.

BA: Anziehen beider Beine, Fußsohlen in der Grätsche senkrecht nach oben schieben.

AK: Vollständiger Kontakt des Rückens zum Boden. Rechter Winkel in den Hüft- und Fußgelenken. Weite der Grätsche abhängig von der Beweglichkeit der Hüftgelenke.

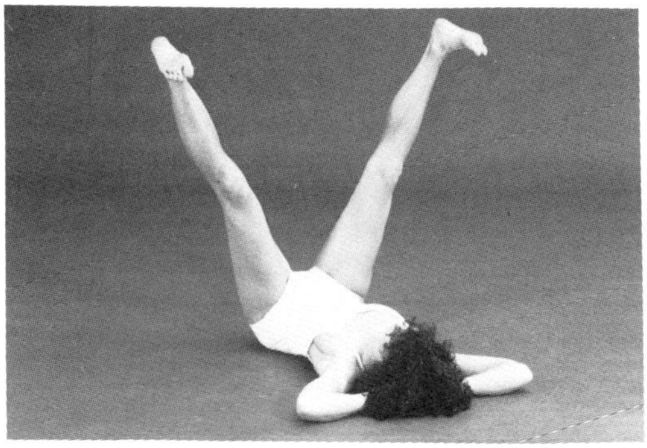

Abb. 62

AS: Rückenlage, Arme neben dem Körper.

BA: Anziehen eines Beines, Oberschenkel mit beiden Händen umfassen.

AK: Vollständiger Kontakt des Rückens zum Boden, Nacken langziehen. Lösungsbereitschaft im Schultergürtel.

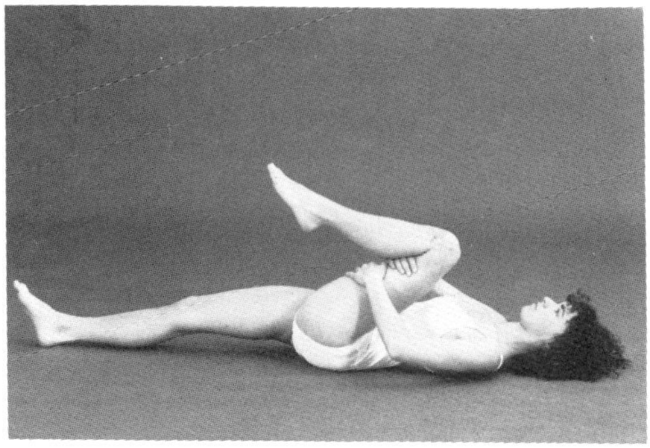

Abb. 63

AS: Siehe Abb. 59.

BA: Siehe Abb. 59.

AK: Vollständiger Kontakt des Rückens zum Boden. Langziehen des Nackens und der Arme.

Abb. 64

Siehe Abb. 63, unteres Bein lang.

Abb. 65

Selbständige Ausführung des Bewegungsablaufes von Abb. 64.

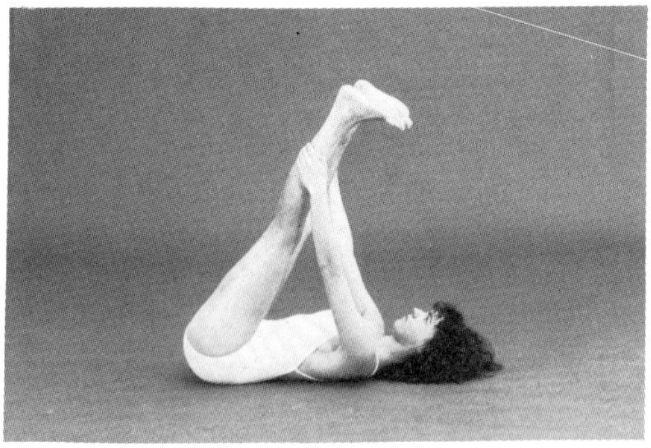

Abb. 66

Siehe Abb. 65, mit Heranziehen beider Beine.

Varianten:

Je nach Armlänge und Beugefähigkeit im Hüftgelenk Fassung von Oberschenkel bis zu den Füßen variieren.

Grätschen der Beine.

Abb. 67

AS: Rückenlage, Arme neben dem Körper, Beine hüftbreit.

BA: Anziehen der Beine mit gebeugten Knien und langen Füßen bei gleichzeitigem Anheben des Kopfes (Nacken bleibt lang). Arme anheben und Hände auf die Schienbeine legen.

AK: Parallele Einstellung der Beine, Unterschenkel horizontal, Lendenwirbelsäule und untere Hälfte der Brustwirbelsäule haben Bodenkontakt.

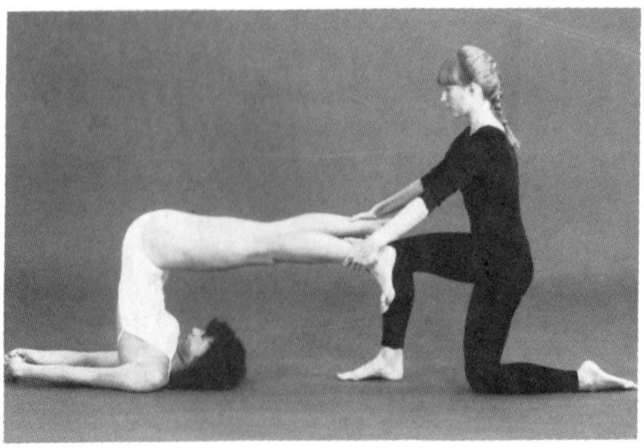

Abb. 68

AS: Rückenlage.

BA: Hochrollen zum Schulterstand, Hände bei langen Armen hinter dem Rücken falten, Beine horizontal, leicht gegrätscht, Fußgelenke werden vom Partner gefaßt.

AK: Kontakt der Arme zum Boden. Aufrichten im Rücken je nach Bewegungsmöglichkeiten im Schultergürtel. Rechter Winkel im Hüftgelenk.

Abb. 69

Siehe Abb. 68, ohne Partnerhilfe.

Abb. 70

AS: Siehe Abb. 68, Hände lösen, Abrollen bis zur Rückenlage mit Partnerhilfe.

BA: Siehe AS.

AK: Möglichst geschmeidig abrollen.

Abb. 71

Siehe Abb. 69, mit Abstützen der Hände im Rücken.

Abb. 72

AS: Rückenlage.

BA: Hochrollen bis zum Schulterstand. Die gebeugten Knie auf die Stirn legen, Arme lang hinter dem Rücken.

AK: Gleichmäßige Rundung des Rückens.

Dorsale Dehnung

Abb. 73

Siehe Abb. 72, Hände hinter dem Rücken gefaltet, Unterschenkel parallel rechts und links neben dem Kopf.

Abb. 74

Siehe Abb. 73, Hände gelöst, Unterschenkel rechts neben dem Kopf.

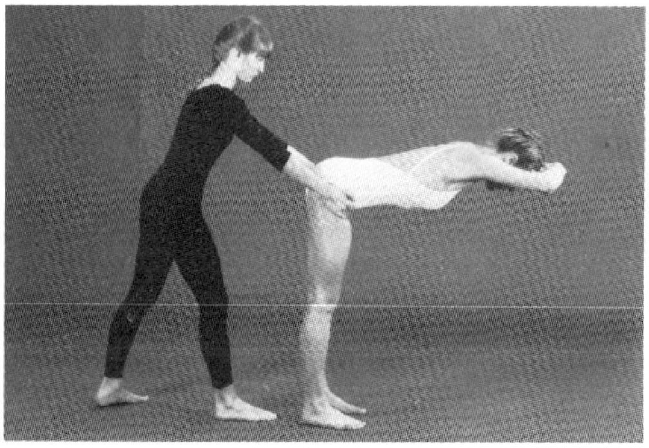

Abb. 75

AS: Aufrechter Stand, Füße spurbreit parallel, Ellbogenfassung über dem Kopf, Partner faßt die Leiste.

BA: Vorneigen des Oberkörpers bis in die Horizontale.

AK: Längszug ausgehend vom Ellbogen bei Einordnung von Becken, Brustkorb und Kopf. Knie möglichst gestreckt, Fersen am Boden.

Abb. 76

Siehe Abb. 75.

Variante:

Die langen Arme werden auf die Unterarme des vorn stehenden Partners gelegt.

Abb. 77

Siehe Abb. 76.

Variante:

Statt Partnerhilfe ziehen die Fingerspitzen mit langen Armen nach hinten parallel zum Rücken.

Abb. 78

AS: Aufrechter Stand, Füße spurbreit, parallel, Partner im „Päckchen"-Sitz.

BA: Vorneigen des Oberkörpers und Abstützen der Hände auf dem Rücken des Partners.

AK: Längszug ausgehend vom Scheitelpunkt. Einordnung von Becken, Brustkorb und Kopf. Knie möglichst gestreckt und Fersen am Boden.

Abb. 79

Siehe Abb. 78.

Variante:

Abstützen der Hände am Boden.

Abb. 80

Siehe Abb. 79.

Variante:

Wechselseitiges Lösen im Knie- und Fußgelenk.

Dorsale Dehnung

Abb. 81

AS: Aufrechter Stand, Füße spurbreit parallel, Ellbogenfassung in Schulterhöhe vor dem Körper.

BA: Beugen von Knie und Hüfte bis zur Hocke.

AK: Gleichmäßige Rundung des Rückens unter Längszug. Sohlenkontakt halten bei gleichbleibender Fußbelastung.

Abb. 82

Siehe Abb. 81.

Variante:

Mit Partnerhilfe, Rücken soll gestreckt bleiben.

Abb. 83

AS: Rückenlage.

BA: Ein Bein anbeugen, Hände umfassen Oberschenkel, durch Wegschieben des Oberschenkels heben sich Kopf und Brustkorb ab.

AK: Gleichmäßiges Runden der Wirbelsäule bei gleichzeitigem Zug vom gehaltenen Oberschenkel. Lösungsbereitschaft im Schultergürtel.

Abb. 84

Siehe Abb. 83.

Variante:

Kniefassung.

Abb. 85

AS: Rückenlage, Arme seitlich des Körpers.

BA: Anheben der gebeugten Beine und Rückrollen bis auf die Schultern. Beine senken sich gestreckt bis zum Boden.

AK: Gleichmäßig gerundeter Rücken. Aktives Herausschieben aus dem Schultergürtel.

Abb. 86

Fortsetzung von Abb. 85:

AS: Endstellung von Abb. 85.

BA: Vorrollen bis in die Rückenlage, Hände fassen rückwärtige Unterschenkel.

AK: Gleichmäßiges, langsames Abrollen.

Abb. 87

Variante zu Abb. 86:

Vorrollen ohne Beinfassung, Arme liegen rund um den Kopf.

Abb. 88

AS: Sitz, Füße aufgestellt, Hände umfassen Knie.

BA: Rückrollen bis in die Rückenlage.

AK: Gleichmäßiges, langsames Abrollen, allmähliches Ablösen des Fußkontaktes bei Gegenzug der Beine.

Abb. 89

AS: Kniestand, hüftbreit, Hände vorn aufgestützt.

BA: Scheitel auf den Boden zwischen die Hände legen und Abrollen in Richtung Hinterkopf.

AK: Gleichmäßige Rundung von Hals- und Brustwirbelsäule. Gewicht auf Händen und Knien.

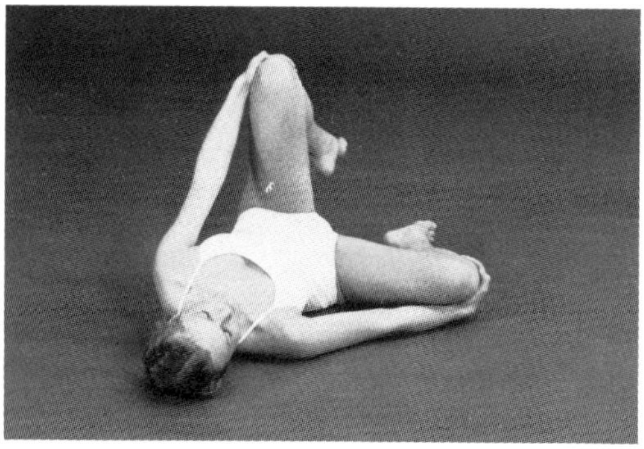

Abb. 90

AS: Rückenlage, Beine gebeugt, Hände umfassen Knie.

BA: Seitliches Rollen in die Seitlage, bis beide Beine aufeinander liegen.

AK: Langsames Rollen von einem Bein begonnen, das andere hält als Gegenzug.

Abb. 91

AS: Rückenlage, Knie gebeugt, Arme in Verlängerung des Körpers.

BA: Seitrollen bis auf den Unterschenkel der Drehseite. Das andere Bein bringt durch Längszug den Körper in die einbeinige Unterschenkellage.

AK: Fließendes Seitrollen.

Abb. 92

AS: Rückenlage, Arme in Verlängerung des Körpers.

BA: Ansetzen zum Drehen in die Bauchlage vom Becken her.

AK: Kopf, Schultern, Arme und Beine bleiben gelöst, bis der Zug vom Becken wirksam wird.

Abb. 93

Variante zu Abb. 92:

Drehung, eingeleitet vom Fuß.

Variante:

Drehung, eingeleitet vom Knie.

Abb. 94

Siehe Abb. 93.

AS: Bauchlage.

BA: Zurückdrehen in die Rückenlage, Ansetzen vom Fuß.

Abb. 95

AS: Siehe Abb. 94, Drehung eingeleitet vom Arm.

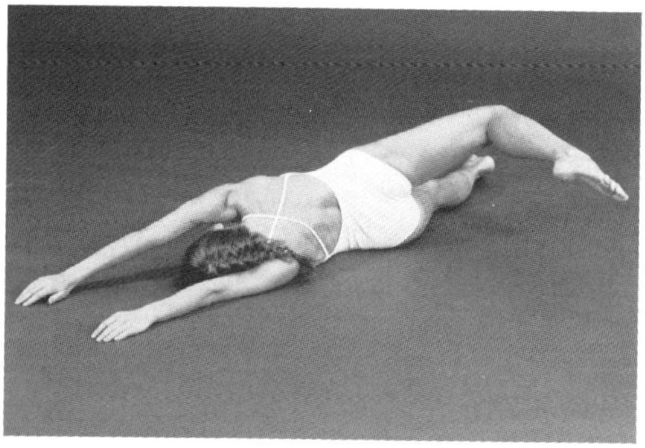

Abb. 96

Siehe Abb. 95, Ansetzen vom Fuß bei gebeugtem Bein.

Abb. 97

AS: Rückenlage, Beine gestreckt, senkrecht Fußsohlen von innen gefaßt.

BA: Seitliches Rollen bis in die Seitlage.

AK: Langsames Rollen mit Senken eines gefaßten Beines, das andere wirkt als Gegenzug.

Varianten:

Oberschenkelfassung.

Kniefassung.

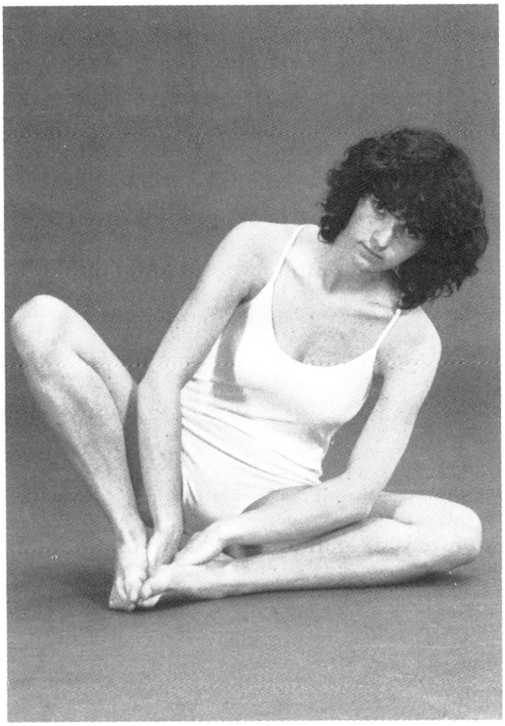

Abb. 98

AS: Sitz, Fußsohlen vor dem Becken zueinandergewendet, Hände umfassen von innen die Füße.

BA: Seitrollen bis auf ein gebeugtes Bein, Abrollen des Rückens bis in die Rükkenlage bei Nachfolgen des zweiten gebeugten Beines.

AK: Fließendes Abrollen bis zur Rückenlage mit vollständigem Bodenkontakt des Rückens.

Varianten:

Von der Rückenlage in den Sitz.

Vom Sitz über die Rückenlage in den Sitz zur anderen Seite.

Knie- oder Oberschenkelfassung.

Zweites Bein als langen Hebel nutzen (bremsend beim Abrollen in die Rückenlage, beschleunigend beim Hochrollen in Sitz).

Abb. 99

AS: Päckchensitz, Arme lang nach vorn.

BA: Kinn zieht dicht über dem Boden bis zwischen die Hände, Scheitel zieht nach oben, Rücken zieht rund in die Ausgangsstellung zurück.

AK: Gleichmäßiges Aufbiegen und Runden des Rückens.

Varianten:

Vorziehen bis in die Bauchlage.

Umgekehrter Bewegungsablauf von der Rundung über oben zur Aufbiegung über unten.

Rundung und Aufbiegung in kleinem Ausmaß.

Radfahren

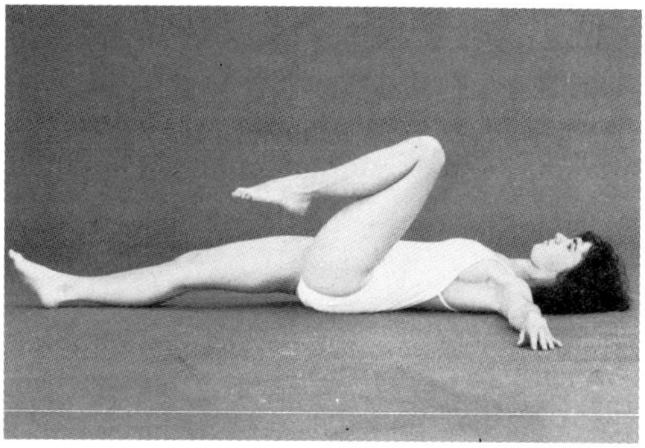

Abb. 100

AS: Rückenlage, Arme seitlich in Schulterhöhe.

BA: Armbeugen eines Beines bei gleichzeitiger Streckung des Fußes.

AK: Rückenkontakt zum Boden bleibt.

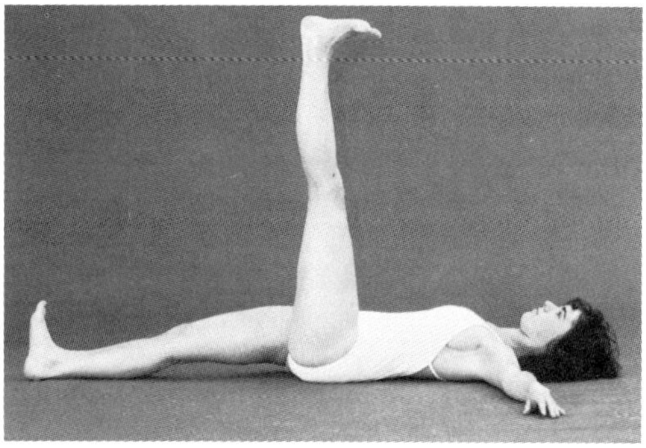

Abb. 101

AS: Endstellung von Abb. 100.

BA: Fuß anwinkeln und Strecken des Beines in die Senkrechte, Senken des langen Beines bis in die Rückenlage.

AK: Längszug beider gestreckter Beine von den Fersen ausgehend. Winkel zwischen den Beinen möglichst rechtwinklig, bevor das Bein gesenkt wird.

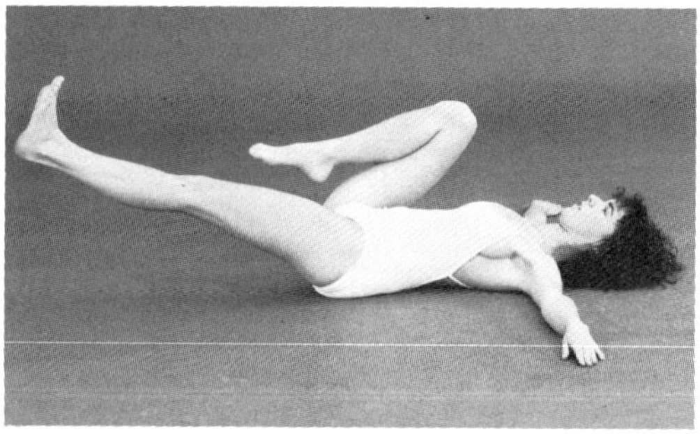

Abb. 102

AS: Siehe Endstellung Abb. 101.

BA: Senkrechtes Bein lang zum Boden senken und gleichzeitig das liegende Bein mit gestrecktem Fuß anbeugen.

AK: Rückenkontakt bleibt. Koordination der Fuß-/Beinbewegung.

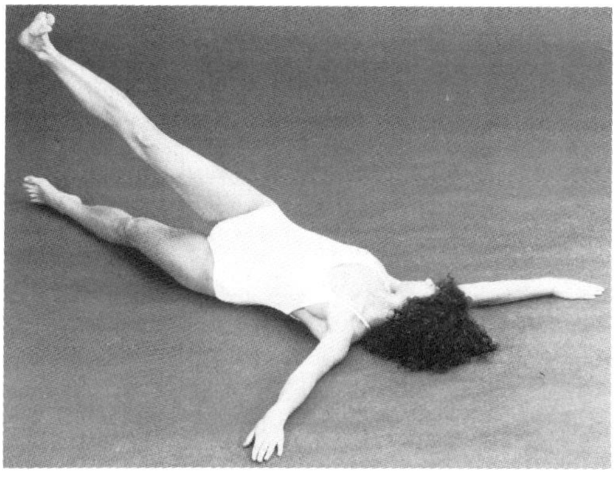

Abb. 103

Variante:

BA: Siehe Abb. 100 und 101, mit in der Diagonalen Abheben der entsprechenden Beckenseite.

Radfahren

Abb. 104
AS: Sitz, Hände hinter dem Rücken gestützt.
BA: Radfahrbewegungen, siehe Abb. 102.
AK: Rücken lang, Kopf eingeordnet.

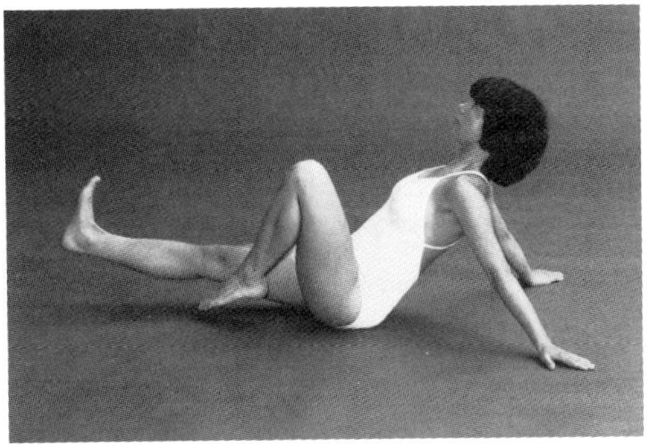

Ventrale Dehnung

Abb. 105
AS: Bauchlage, Arme seitlich des Körpers, Handflächen am Boden.
BA: Vom Schultergürtel her die leicht gebeugten Arme anheben.
AK: So weit anheben, daß die vordere Schultergürtelmuskulatur gedehnt wird.

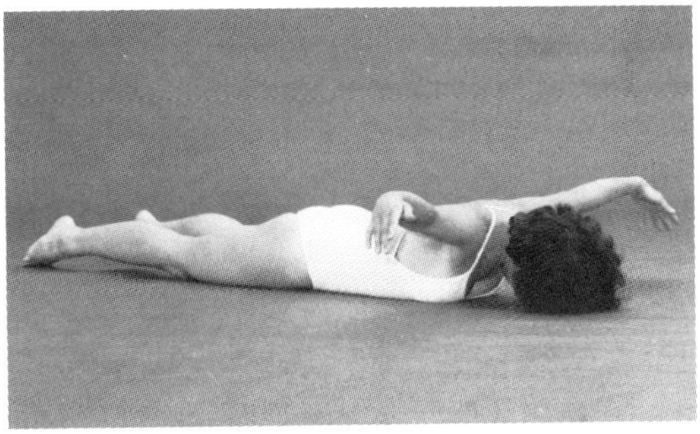

Abb. 106
AS: Bauchlage, Arme in Verlängerung des Körpers.
BA: Herausschieben von der rechten Hand und dem rechten Fuß. Kopf unter Längszug leicht anheben, Blick zum Boden.
AK: Rechter Arm und rechtes Bein behalten Bodenkontakt, linke Seite bleibt entspannt.

Ventrale Dehnung

Abb. 107
Variante:
Siehe Abb. 106, linke Hand und rechter Fuß üben den Längszug aus.

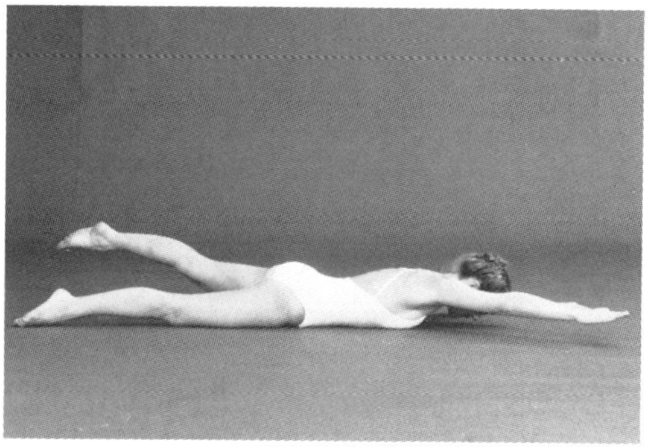

Abb. 108
Variante:
Siehe Abb. 107, leichtes Anheben des rechten Armes, Kopfes und linken Beines bei gleichzeitigem Längszug der liegenden Extremitäten.

Abb. 109
Variante:
Siehe Abb. 108, leichtes Anheben aller vier Extremitäten.
AK: Bodenkontakt zwischen unterem Brustbeinende und Symphyse.

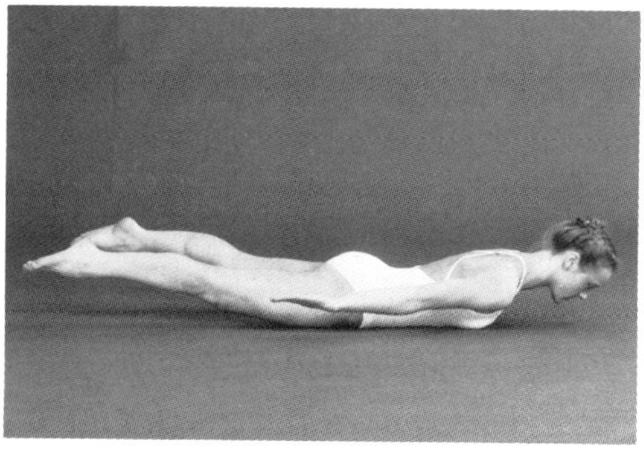

Abb. 110
Variante:
Siehe Abb. 109, Arme ziehen neben dem Körper fußwärts.

Abb. 111

Variante zu Abb. 110:
Mit Partnerhilfe.

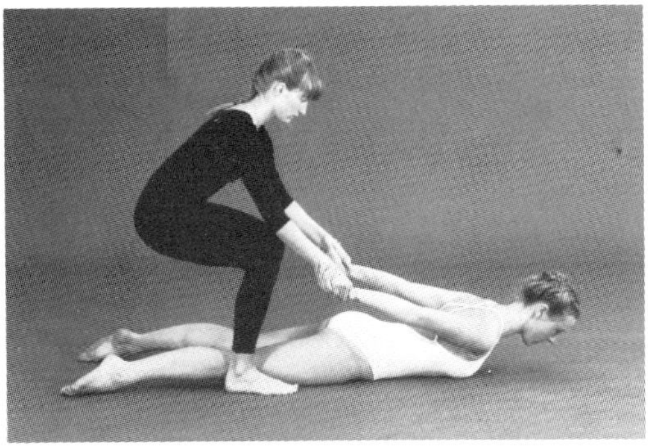

Abb. 112

AS: Bauchlage, Arme neben dem Körper, Stirn am Boden.

BA: Knie beugen, Hände umfassen den Fußrist und drücken die Fersen Richtung Gesäß.

AK: Kontakt der Leisten zum Boden.

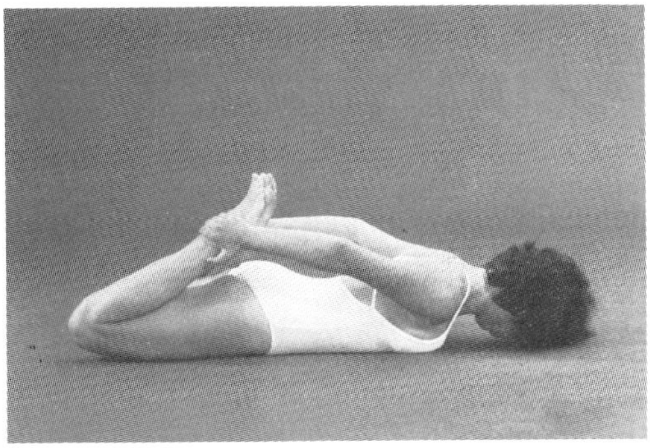

Abb. 113

AS: Bauchlage, Arme seitlich in Schulterhöhe, Kopf liegt mit Blick nach links.

BA: Unter Längszug Anheben des rechten Beines, leichtes Beugen im Kniegelenk und Ansetzen zum Überkreuzen des linken Beines.

AK: Linkes Bein bleibt lang liegen. Arme und Schultern bleiben am Boden. Eine Linie von der rechten Schulter bis zum Knie.

Abb. 114

AS: Bauchlage, Arme und Beine in Verlängerung der Körperdiagonalen, Stirn am Boden.

BA: Linkes Bein anbeugen, mit der rechten Hand von innen den linken Fußrist umfassen. Vom Fußrist her schräg nach hinten oben schieben. Linke Schulter und Kopf heben sich ab, die andere Diagonale hebt unter Längszug leicht ab.

AK: Der Körper hat vom unteren Brustbeinende bis zur Symphyse Bodenkontakt. Becken, Brustkorb und Kopf in einer bogenförmigen Linie eingeordnet.

Abb. 115

Variante zu Abb. 114:

Beide Füße gefaßt.

Abb. 116

AS: Bauchlage, Hände unter der Stirn bei gebeugten Armen.

BA: Unter Längszug Kopf anheben, Hände und Unterarme stützen ab.

AK: Anheben des Brustkorbes bis zum unteren Brustbeinende.

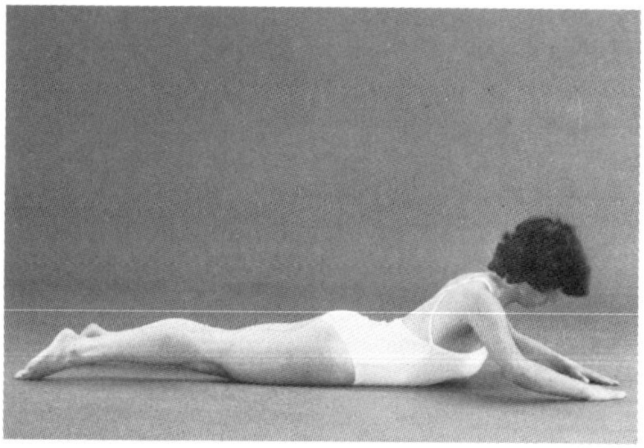

Abb. 116 a

Variante:

Anheben bis zur Leiste, auf die Hände stützen.

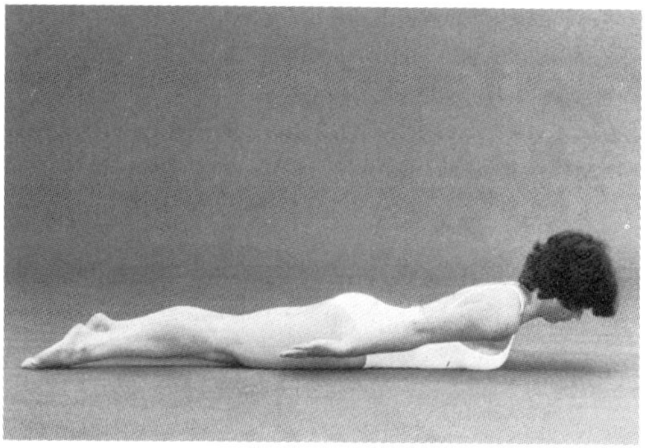

Abb. 117

Variante zu Abb. 116:

Arme ziehen neben dem Körper fußwärts.

Abb. 118

AS: Kniestand, Ellbogenfassung in Schulterhöhe.

BA: Partner legt die Hände auf die Schulterblätter. Der Kniende lehnt sich lang zurück.

AK: Oberschenkel, Becken, Brustkorb und Kopf in einer schrägen Linie.

Abb. 119

Variante zu Abb. 118:

Mit Stützen der Hände.

Abb. 120

Variante zu Abb. 118:

Ohne Partner, Arme ziehen neben dem Körper kniewärts.

Ventrale Dehnung

Abb. 121

AS: Rückenlage, Arme seitlich in Schulterhöhe.

BA: Rechten Fuß vor dem Becken aufstellen und rechte Beckenseite nach oben schieben. Kopf dreht nach rechts.

AK: Arme, Schultern und die lange Seite bleiben am Boden.

Abb. 122

AS: Rückenlage, Füße vor dem Becken aufgestellt, Arme verschränkt unter dem Kopf.

BA: Anheben des Beckens durch verstärkten Druck auf die Füße.

AK: Schultern bis Knie eine Linie.

Abb. 123

Variante zu Abb. 122:

Arme diagonal nach oben mit Handflächen auf dem Boden.

Abb. 124

Variante zu Abb. 122:

Ein Bein senkrecht nach oben, von der Ferse herausschieben.

Abb. 125

Variante zu Abb. 122:

Ein Bein lang in Verlängerung des Körpers von der Ferse herausschieben.

Abb. 126

Variante:

Einbeiniges Radfahren.

Abb. 127

AS: Rückenlage, der Kopf liegt auf dem Boden zwischen den Füßen des Partners. Hände umfassen Knöchel des Partners. Füße des Liegenden vor dem Becken hüftbreit aufgestellt.

BA: Der Partner faßt unter die Schulterblätter und zieht den Liegenden hoch. Der Liegende schiebt dabei von den Füßen weg und hebt den Kopf an.

AK: Beine, Becken, Brustkorb, Kopf und Arme in einer bogenförmigen Linie.

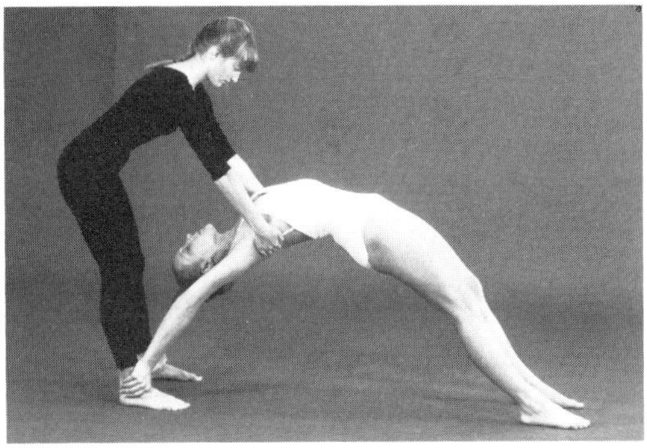

Flankendehnung

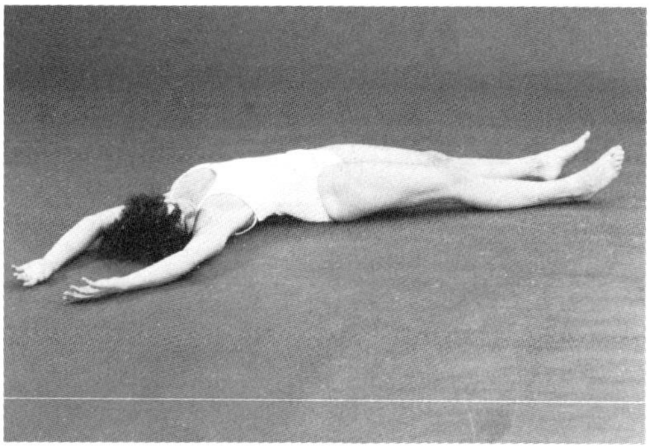

Abb. 128

AS: Rückenlage, Arme in Verlängerung des Körpers.

BA: Vom linken Arm und Bein bogenförmigen Längszug nach rechts.

AK: Vollständiger rückwärtiger Körper-/Bodenkontakt. Einordnung von Beinen, Becken, Brustkorb, Kopf, Armen in einer bogenförmigen Linie. Lösen der nicht gedehnten Seite.

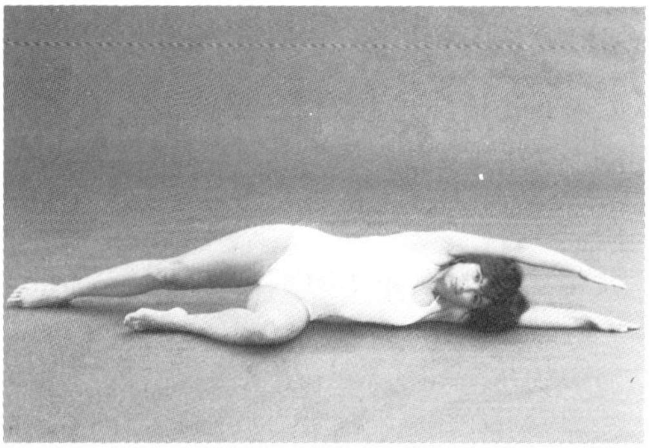

Abb. 129

AS: Seitlage, unteres Bein gebeugt, Arme in Verlängerung des Körpers. Hände aufeinanderliegend.

BA: Oberes Bein übt Längszug in Richtung Boden aus. Gegenzug der Arme.

AK: Einordnung vom oberen Bein. Becken, Brustkorb, Arm und Kopf in einer Linie. Ruhiges Ausbalancieren.

Abb. 130

AS: Grätschsitz, Arme neben dem Körper.

BA: Die rechte Hand stützt neben dem Becken, der linke Arm zieht von den Fingerspitzen im Bogen nach rechts. Fersen schieben nach vorn heraus.

AK: Beide Sitzbeinhöcker gleich belastet. Bogenförmige Einordnung von linkem Arm, Kopf und Brustkorb. Kein Abknikken zwischen Brustkorb und Becken.

Abb. 131

AS: Schneidersitz, Arme neben dem Körper.

BA: Gestreckte Arme, Handflächen nach hinten unter Längszug seitlich bis in Schulterhöhe bzw. Diagonale anheben.

AK: Einordnung von Becken, Brustkorb, Kopf.

Abb. 132
Variante zu Abb. 130:
Ellbogenfassung über dem Kopf, Herausschieben der Ellbogen nach oben.

Abb. 133
AS: Unterschenkellage, Arme in Verlängerung des Körpers.
BA: Arme unter Längszug nach vorn schieben.
AK: Handflächen bleiben am Boden, Gesäß auf den Fersen, gleichmäßige Rundung des Rückens.

Abb. 134
Variante:
Ein Arm zieht lang nach hinten neben dem Körper.

Abb. 135
Variante zu Abb. 134:
Bogenförmiger Zug von beiden Armen.

Flankendehnung

Abb. 136

AS: Kniestand.

BA: Der linke Arm schwingt lang über vorn bis in Verlängerung des sich seitlich neigenden Rumpfes. Rechter Arm stützt, linkes Bein streckt sich.

AK: Einordnung von Arm, Kopf, Rumpf, Bein unter Längszug in einer Linie.

Abb. 137

AS: Kniestand, Arme in Verlängerung des Rumpfes.

BA: Vom rechten Sitzbeinhöcker aus schräg zum Boden ziehen, bei gleichzeitigem Gegenzug der Arme.

AK: Einordnung von Armen, Kopf, Rumpf, Oberschenkel in einen gleichmäßigen Bogen.

Abb. 138

Variante zu Abb. 137:

Knie hüftbreit, nur ein Arm zieht bogenförmig nach oben, der andere als Gegenzug vor dem Körper bogenförmig nach unten.

Abb. 140

AS: Kniestand auf dem linken Knie, das rechte Bein seitlich gestreckt.

BA: Seitneigen des Körpers zum langen Bein, linker Arm schiebt bogenförmig nach oben, rechte Hand zum langen Bein.

AK: Bogenförmige Einordnung vom linken Arm, Kopf, Rumpf und linken Oberschenkel.

Abb. 139

Variante zu Abb. 138:

Ein Arm zieht in Verlängerung des Rumpfes bogenförmig nach oben, der andere senkrecht nach unten.

Abb. 141

AS: Stand, Ellbogenfassung über dem Kopf.

BA: Schwingen des Rumpfes und der Arme über vorn nach links, rechtes Bein streckt sich.

AK: Einordnung von Armen, Kopf, Rumpf und linkem Bein unter Längszug. Gewicht links.

Verwringung

Abb. 142

AS: Rückenlage, Arme in Schulterhöhe seitlich, Handflächen auf dem Boden, Füße aufgestellt vor dem Becken.

BA: Senken der Knie, links zum Boden, Blick zur rechten Hand.

AK: Schultern und Arme bleiben am Boden. Lösungsbereitschaft in Rumpf und Beinmuskulatur.

Abb. 143

Variante zu Abb. 142:

Beine aus der angehockten Rückenlage nach links zum Boden senken.

Abb. 144

Variante zu Abb. 143:

Rechtes (oberes) Bein schiebt lang nach links bei Gegenzug vom rechten Arm.

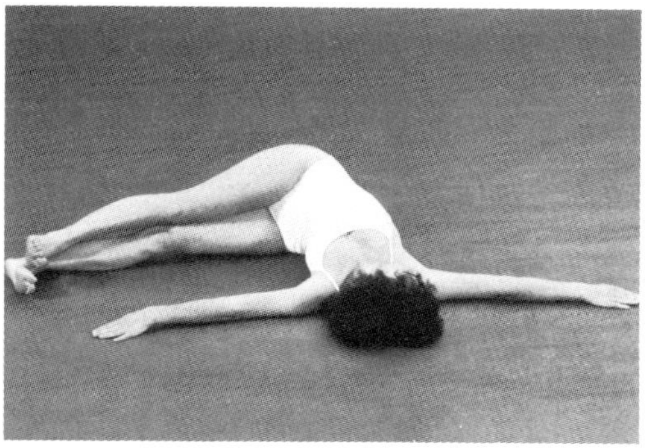

Abb. 145

Variante zu Abb. 144:

Beide Beine schieben nach links – lang –.

Abb. 146

AS: Rückenlage, Arme seitlich in Schulterhöhe, Handflächen zum Boden.

BA: Rechtes Bein anbeugen und über das linke lange Bein vom Knie her schieben. Rechter Fuß legt sich auf linke Wade oder Kniekehle, Blick zur rechten Hand.

AK: Kontakt von Armen und Schultergürtel zum Boden. Linke Hüfte bleibt in der Streckung.

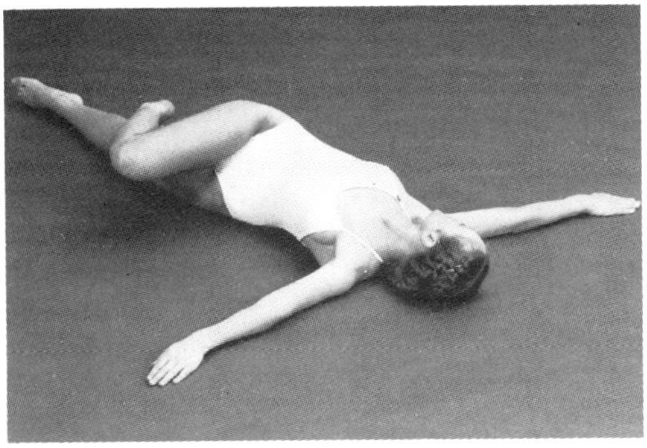

Abb. 147

AS: Schneidersitz, Arme seitlich des Körpers.

BA: Drehen des Rumpfes und Kopfes nach links. Rechter Arm zieht vor dem Körper nach links, linke Hand hinter dem Becken aufgestützt.

AK: Gleiche Belastung der Sitzbeinhöcker. In der Senkrechten um die Längsachse des Körpers drehen.

Variante:

Im Grätschsitz.

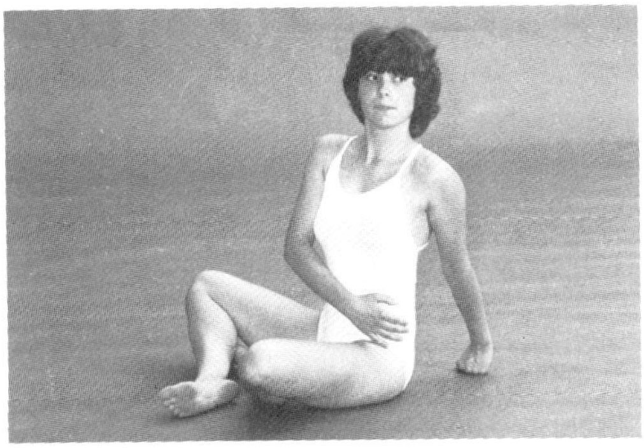

Abb. 148

Variante zu Abb. 147:

Im Langsitz, Ellbogenfassung vorn in Schulterhöhe.

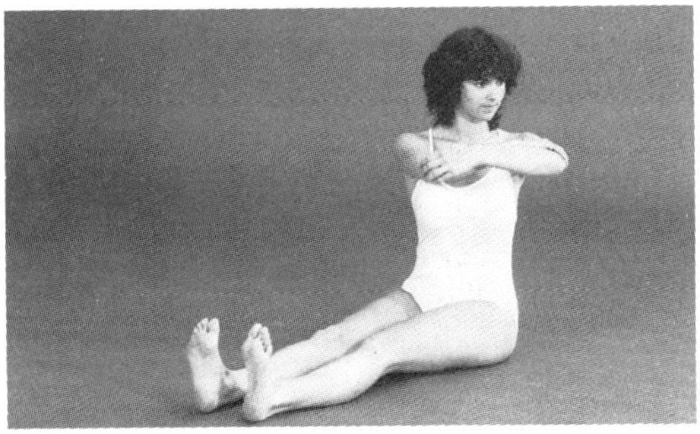

Abb. 149

Variante zu Abb. 147:

Im Seitsitz.

Verwringung

Abb. 150

AS: Seitsitz, Arme seitlich des Körpers.

BA: Drehen vom Kopf und Rumpf nach links bei gleichzeitigem Zug der rechten Handfläche in Schulterhöhe nach links, linke Hand stützt hinter dem Becken.

AK: Einordnung von Kopf und Rumpf in der Schrägneigung. Drehung um die Längsachse des Körpers. Gewicht auf linkem Bein.

Abb. 151

Variante zu Abb. 150:

Hochdrehen bis zum Kniestand auf linkem Knie, Anheben des Beckens vom Boden bei Streckung des rechten Beines.

Abb. 152

AS: Seitsitz.

BA: Drehen von Kopf und Rumpf nach rechts, rechte und linke Hand stützen etwas entfernt hinter dem Becken ab, Schultergürtel und Brustkorb senken sich zum Boden, der Kopf legt sich auf seine linke Seite.

AK: Lösungsbereitschaft im ganzen Körper.

Abb. 153

AS: Sitz, rechtes Bein angewinkelt, linker Fuß neben der Außenseite des rechten Oberschenkels aufgestellt. Linke Fußspitze nach vorn, linkes Knie über linkem Fuß.

BA: Hände stützen hinter dem Becken auf, Längszug ausgehend vom Scheitel.

AK: Kontakt der beiden Sitzhöcker. Einordnung von Becken, Brustkorb und Kopf in der Senkrechten.

Abb. 154

Variante zu Abb. 153:

Ellbogenfassung über dem Kopf.

Verwringung

Abb. 155

Variante zu Abb. 153:

Drehen von Kopf und Rumpf nach links, linker Arm legt sich um das rechte Knie, rechter Arm zieht hinter dem Rücken nach links.

Abb. 156

Variante zu Abb. 155:

Partner gibt an der rechten Hand Widerstand.

Abb. 157

AS: Grätschsitz.

BA: Rechtes Bein anwinkeln, Arme in Verlängerung des Körpers nach oben. Drehen vom Arm, Kopf und Rumpf aus nach links und Neigen des Oberkörpers zum langen Bein. Herausschieben des langen Beines von der Ferse her.

AK: Beide Sitzbeinhöcker gleich belastet. Einordnung von Becken, Brustkorb, Kopf und Armen in einer Geraden bei Herausschieben der Arme.

Abb. 158

Variante zu Abb. 157:

Linker Arm zieht zum langen Bein.

BA: Drehung von Kopf und Brustkorb nach rechts, linker Arm senkt sich auf das linke Bein. Oberkörper neigt sich zum langen Bein unter Längszug des rechten Armes.

AK: Gleichmäßiger Bogen vom Becken bis zur rechten Hand.

Abb. 159

Variante zu Abb. 158:

Beide Arme nach oben in Verlängerung des Körpers bei Neigen zum langen Bein.

Abb. 160

Variante zu Abb. 158:

Linker Arm senkt sich auf rechtes Knie.

Abb. 161

AS: Kniestand, hüftbreit.

BA: Beugen des Körpers nach vorn, linken Arm zwischen die Unterschenkel schieben, Kopf neben dem rechten Knie bis auf den Schultergürtel abrollen, den rechten Arm gestreckt zum Boden legen, Handflächen nach oben.

AK: Gleichmäßige Rundung des Rückens. Schultergürtel und Arme am Boden und parallel zu den Unterschenkeln.

Variante:

Linker Arm neben dem rechten Unterschenkel.

Verwringung

Abb. 162

AS: Stand.

BA: Gewicht auf links, rechter Fußrücken zieht schräg hinter dem Standbein nach links, rechter Arm nach oben, linker Arm neben dem Körper nach unten.

AK: Arm, Kopf, Brustkorb, Becken, rechtes Bein in einer bogenförmigen Linie unter Längszug.

Entspannung

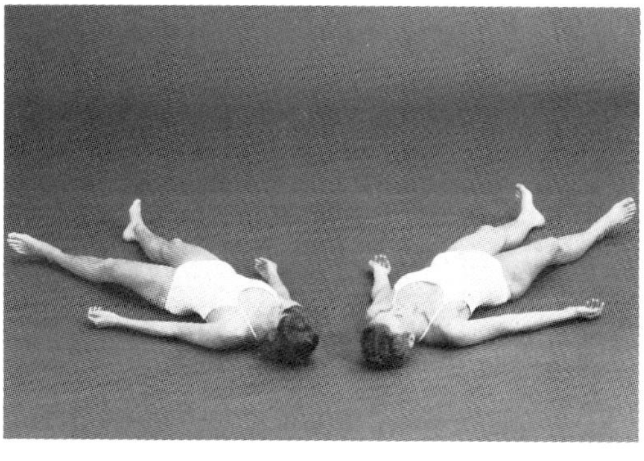

Abb. 163

Ziel:

Lösungsbereitschaft des ganzen Körpers in Rückenlage.

Abb. 164 a und b

Ziel:

Mit Partnerhilfe Schultergürtel und Arme in Rückenlage lösen.

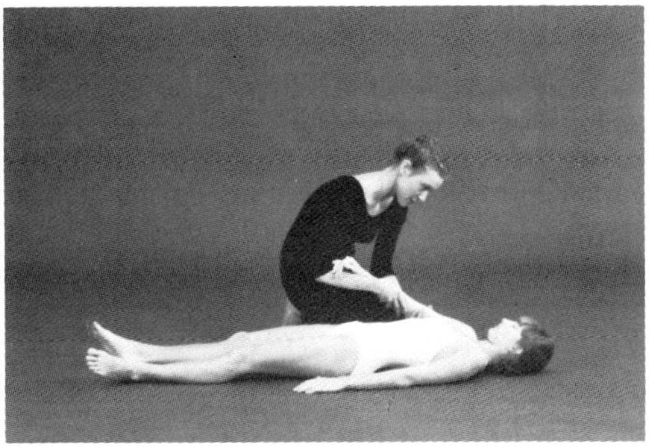

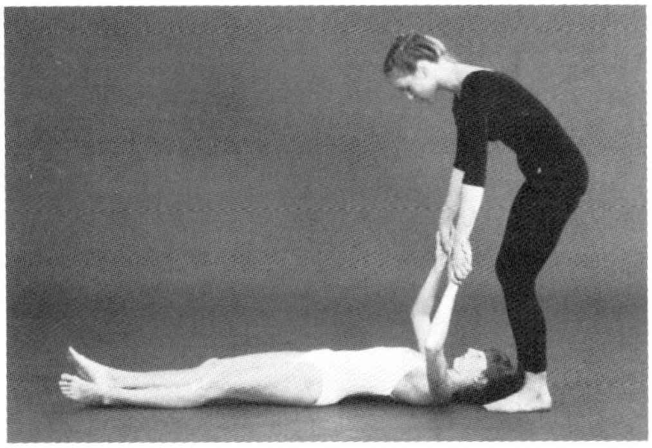

Abb. 165 a und b

Ziel:

Mit Partnerhilfe Bein und Becken in Rückenlage lösen.

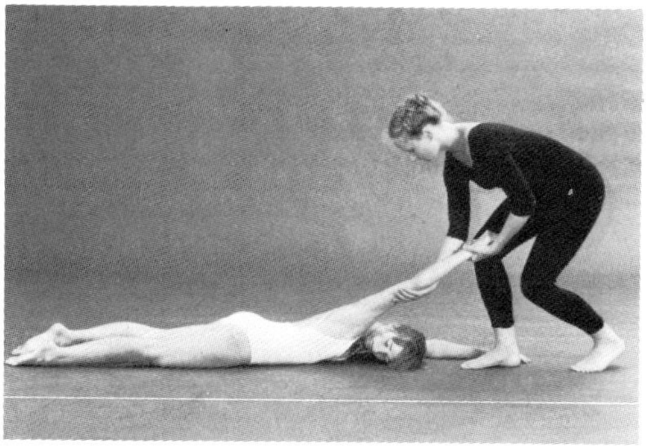

Abb. 166
Ziel:
Mit Partnerhilfe Arm und Schultergürtel in Bauchlage lösen.

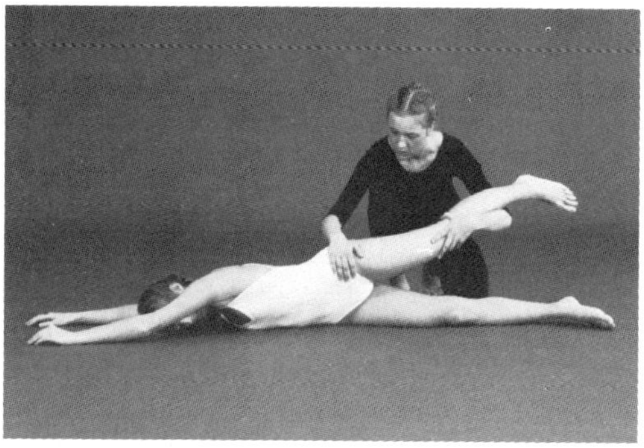

Abb. 167
Ziel:
Mit Partnerhilfe vom Bein her aus der Bauchlage in die Rückenlage drehen.

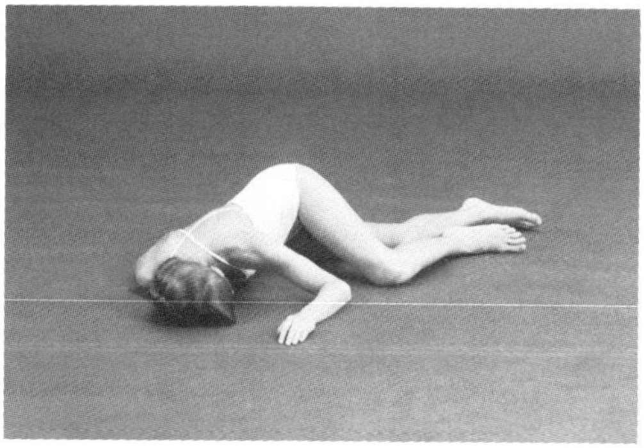

Abb. 168
Ziel:
Lösungsbereitschaft in der Seitlage mit vorn angebeugtem Bein und aufgestütztem Unterarm.

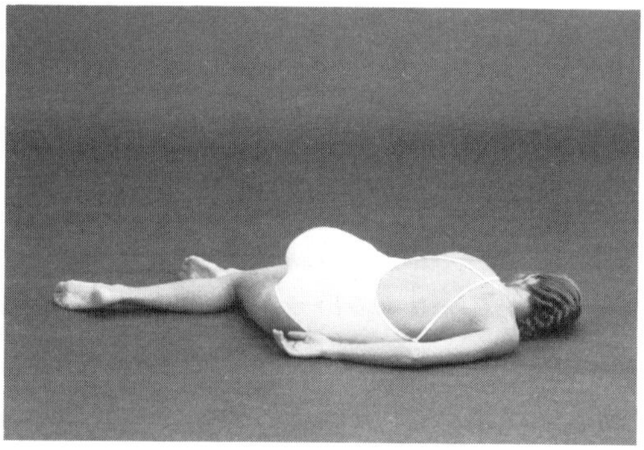

Abb. 169
Siehe Abb. 168, Rückansicht.

(1) Alexander, G. – Eutonie. Kösel-Verlag, München, 1977.

(2) Bernstein, D.A./Borkovee, T.D. – Entspannungs-Training, Handbuch der progressiven Muskelentspannung. J. Pfeiffer-Verlag, München, 1982.

(3) Brüne, L. – Reflektorische Atemtherapie. G. Thieme-Verlag, Stuttgart, 1977.

(4) Bürgi, S. – Das vegetative Nervensystem – Die Atmung – Praxis. anrea Taschenbuch 4.

(5) Coblenzer, H./Mühr, F. – Atem mit Stimme. Österreichischer Bundesverlag für Unterricht, Wissenschaft und Kunst, Wien, 1976.

(6) Eberlein, C. – Gesund durch Autogenes Training. Econ-Verlag, Düsseldorf, Wien, 1977.

(7) Feldenkrais, M. – Bewußtheit durch Bewegung – der aufrechte Gang –. Suhrkamp-Taschenbuch, 429, 1978.

(8) Glaser, V. – Eutonie, Haug-Verlag, Heidelberg, 1980.

(9) Govinda, Lama Anagarika – Schöpferische Meditation und Multidimensionales Bewußtsein. Aurum-Verlag, Freiburg i. Br., 2. Aufl., 1982.

(10) Haase, J./Henatsch, H.D./ Jung, R.J./ Strata, P. – Sensomotorik in: Gauer, Kramer, Jung, Physiologie des Menschen, Bd. 14. Urban u. Schwarzenberg-Verlag, München-Berlin-Wien, 1976.

(11) Hermes, G./Medau, H.J. – Effekte der Organgymnastik im psychisch-emotionalen Bereich, in: Medau, H.J. u. Nowacki, P.E. (Hrsgb.) Frau und Sport – Beiträge zur Sportmedizin, Bd. 19. Perimed-Verlag, Erlangen, 1983.

(12) Holler-v.-d.-Trenck, J. – Organgymnastik – Lehrweise Medau. Limpert-Verlag, Bad Homburg, 1974.

(13) Hollmann, W./Hettinger, Th. – Sportmedizinische Arbeits- und Trainingsmethoden. F.K. Schattauer-Verlag, Stuttgart, New York, 1980.

(14) Huang, A. – Lebensschwung durch T'ai Chi. O.W. Barth-Verlag, 1981.

(15) Jacobsen, E. – Progressive Relaxation, University of Chicago Press. Chicago, 1938.

(16) Klein-Vogelbach, S. – Funktionelle Bewegungslehre. Springer-Verlag, Berlin–Heidelberg–New York, 1976.

(17) Klein-Vogelbach, S. – Funktionelle Bewegungslehre. Springer-Verlag, Berlin – Heidelberg – New York – Tokyo, 1984.

(18) Knott, M. – Komplexbewegungen. Gust. Fischer-Verlag, Stuttgart–New York, 1970.

(19) Lowen, A. – Bio-Energetik – Therapie der Seele durch Arbeit mit dem Körper –. Rowohlt Taschenbuch-Verlag, Hamburg, 1979.

(20) Medau, H.J./ Nowacki, P.E./de Castro, P. – Organgymnastik und kardio-respiratorische Funktionen. Therapiewoche 32, 2113-2122 (1982).

(21) Medau, H.J./ Nowacki, P.E. – Frau und Sport – die Bedeutung der Gymnastik – sportmedizinische und sportwissenschaftliche Aspekte, Beiträge zur Sportmedizin, Bd. 19. Perimed-Verlag, Erlangen 1983.

(22) Mukerji, G.S./Spiegelhoff, W. – Yoga und unsere Medizin. Hippokrates-Verlag, Stuttgart, 1971.

(23) Nowacki, P.E. – Das Atemäquivalent bei ergometrischer Leistung, in: Mellerowicz, H. Ergometrie, 222–231 Urban Schwarzenberg, München–Berlin–Wien, 1975.

(24) Petzold, H. – Psychotherapie und Körperdynamik. Junfermann-Verlag, Paderborn, 1974.

(25) Petzold, H. – Die neuen Körpertherapien. Junfermann-Verlag, Paderborn, 1983.

(26) Reindell, H./Klepzig, H./Steim, H./ Musshoff, K./Roskamm, H./Schildge, E. – Herz, Kreislaufkrankheiten und Sport. J.A. Barth-Verlag, München 1960.

(27) Schlaffhorst, C./Andersen, H. – Atmung und Stimme. Möseler-Verlag, Wolfenbüttel, 1928.

(28) Schmitt, L. – Atemheilkunst. Humata-Verlag, Bern, 1966.

(29) Stoboy, H. – Physiologische Grundlagen des Muskeltrainings. Krankengymnastik 32, 726–732 (1980).

(30) Stoboy, H. – Physiologische Grundlagen der Erregbarkeit des Muskels. Symposium „Sportliche Belastungsfähigkeit des Haltungs- und Bewegungsapparates." Berlin 1981.

(31) Stoboy, H. – Das Krafttraining und seine Beziehung zu verschiedenen Sportarten. Sportwissenschaft 14, 9–31 (1984).

(32) Stokris, B./Wiesenhütter, E. – Der Mensch in der Entspannung. Hippokrates-Verlag, Stuttgart, 1971.